오늘의문학 시인선 419

가르다 호숫가의 추억

강헌규 시집

오늘의문학사

국립중앙도서관 출판예정도서목록(CIP)

가르다 호숫가의 추억 : 강헌규 시집 / 지은이: 강헌규. --
대전 : 오늘의문학사, 2018
p. ; cm. -- (오늘의문학 시인선 : 419)

ISBN 978-89-5669-905-9 03810 : ₩9000

한국 현대시[韓國現代詩]

811.7-KDC6
895.715-DDC23 CIP2018011882

가르다 호숫가의 추억

구실

시는 젊어서 쓰는 것이라고 들었다. 늙어서도 시를 붙잡고 있는 것은 철이 덜 든 증좌 같다. 적어도 내 경우에만은 그렇다. 책을 보고 있는 사이사이에 고개를 들이미는 느낌들을 나 몰라라 할 수는 없었다. 여기 실은 소품들은 먼저 낸 시집에 실리고 남은 졸작들이다. 자식들을 키워보면 나를 닮아 좀 부족한 혈육에게 마음이 더 쓰인다. 여기서도 그랬음을 고백한다.

옛적 어떤 시인이 애써 쓴 시들을 나뭇잎에 써서 물에 띄워 보냈거나, 태워버렸다는 글을 보았다. 참으로 대인 군자라는 생각이 몸서리쳐지도록 느껴진다. 그러면서도 그 흘려버리고 태워버린 시가 남아 있었으면 얼마나 좋았을까 · 좋을까를 생각하면서 안타까움을 금할 수가 없다. 후일의 어리석은 나는 감히 이런 구실을 댄다.

내 머리에 떠오른 이 어리석은 생각 · 느낌들은 나를 키워주고 가르쳐주고 먹여 살려주고 보호해 주신 부모님 · 형제자매 · 이웃 · 내 나라의 덕택임을 나는 알고 있다. 위에 대한 보답이 될는지는 모르지만, 이것이 밥값이라는 생각은 하고 있다. 결코 매명(賣名)은 아니다. 내 삶의 한 방식이다.

엉뚱하게도 정년퇴직 후에 보답의 한 형식을 생각하여 내가 농사를 지어 보았다. 내 손으로 쌀 두어 가마니, 고구마 서너 가마니, 아로니아(블랙 초코베리) 몇 백 Kg, 감자 몇 부대, 시금치 몇 자루를 거두어 보았다. 이것들은 공으로 주어도 폐이고, 돈을 받으면, 아무리 좋고 시중보다 싼 청정제품이라도 시장 질서를 어지럽히는 더 큰 폐해임을 뒤늦게 알았다.

뒤에 책을 읽어서 안 일은 다음과 같다. 선비는 채소류의 농사를 짓지 말고, 그것들을 생업으로 농사지은 사람들이 길러낸 채소를 사먹어야 한단다. 그래야 그 농부들이 먹고 살 수 있을 것 아닌가? 사먹을 수 있는 사람들이 사먹지 않으면 누가 사먹겠는가?

아! 나의 아버지가 농부 아니셨던가? 길모퉁이에 채소를 벌여놓고 팔아 자식을 가르친 어머니의 아들이 대학을 나와 번듯한 직장을 가졌단다. 그는 퇴근할 때마다 길모퉁이 그릇그릇 담아 놓은 채소를 몽땅 사가지고 와서, 그의 각시는 그것을 며칠이고 먹는다는 글을 신문에서 읽고 펑펑 운 적이 있다. 지금도 그 착한 청년의 마음이 갸륵하여 눈물이 난다.

여기 소품들을 실은 이 시집은 이럴 그럴 염려는 전혀 없다. 묵시적 강요가 전혀 없기 때문이다. 대신 내 이 졸시집을 받는 분은 헌사(獻辭)가 없음을 아셔야 한다. 여러 가지 뜻이 있다.

출판해 주고 해설까지 써주신 리헌석 사백께 고마운 말씀을 드린다.

2018. 04.

| 차 례 |

2부 나는 나무이고 싶다

3부 효자 나무꾼과 어머니

4부 아침과 저녁의 차이

강헌규 시집

가르다 호숫가의 추억

1부

아닌 것도 아니지만

지식만으로는
세상을 바꾸지 못한다네요*

지식만으로는
세상을 바꾸지 못합니다.
참으로 옳은 말씀입니다.
사랑만으로는요?

그러면
무엇만으로
세상을 바꿀 수 있을까요?
천지 운수 속입니다.

* 어느 대학의 홍보 문안에 기댔습니다.

사고 다발 지역에서

술, 미희(美姬), 황금이 유혹하는 거리
절세의 영웅이 주저앉아도 좋다는 암초(暗礁)
천하 진미의 조급증(躁急症) 미끼에 홀려
등용문(登龍門) 앞에서 낚인
이무기의 한이 서린
좌절의 유적지(遺跡地).

정면충돌
감질 나는 접문(接吻)만으로는 아쉽고
설왕설래(說往說來)로도 미흡하여
머리로 몸으로 나눈 프렌치키스
여기저기 널브러진 네 살점들의 설치미술
세로로 가로로 쏘아댄 오르가즘의 흔적들.

접촉 사고 그리고 측면 충돌
사람들이 팔짱을 낀다고 닮지 마세요.
옆구리가 좀 시려도 참으세요.
아무리 가까운 사이라 하더라도
아슬아슬 공기 소통만은 허락하세요.
그리고 제 옆에는 입이 없어요.

안에는 저의 지존하신 주인님이
우리를 지켜보고 계세요.
당신은 지금까지 그 슬픈
짝사랑을 하고 계셨군요.

추돌(追突)
아이 해괴망측(駭怪罔測)도 해라.
사모관대(紗帽冠帶)에 육례(六禮)를 갖춘 부부(夫婦)가
이게 무슨 짓이오.
당신이 앞서세요.
저는 아직도 제가 좋아서
여필종부(女必從夫)에 부창부수(夫唱婦隨)이어요.

2009. 11. 14

늙은 소매치기·날치기·들치기·퍽치기들의 의료보험 청구건

저희들은요.

소유주의 '허락 전에'('허락 없이'가 아님) 시민들의 지갑이나 물품을 소유주 몰래 혹은 약간의 힘을 가하여 취득 처분함을 업으로 하는 사람들입니다. 조금 유식한 말로 도모업(掏摸業)이라고 합니다. '소유주 몰래 혹은 약간의 힘을 가함'에는, 소유주에게 고통을 최소한도로 드리려는 저희들 나름의 깊은 배려가 있음을 양지하시기 바랍니다. 몽골에서 양을 잡을 때 양에게 최소의 고통을 주면서 피 한 방울 흘지 않고 잡는 방법과 똑같지요. 취득한 품목 중에서 현금과 무기명 자기앞수표 이외의 제 증명, 카드, 수첩에 기록된 소유주의 일급비밀, 친지 기타 사람들에 대한 주요 정보는 절대로 악용하지 않고 우송하여 드렸습니다. 반드시 소유주의 주민등록상의 주소로 고스란히 우송하여 드렸습니다. 수첩 속에 비밀번호까지 써 놓은 은행 통장과 도장이 들어 있을 때는, 저희들에게 특별히 기증하여 주신 것으로 생각하여 감사한 마음으로 처분했지만요. 또 지갑 잃어버린 것보다 새나간 지갑 속 비밀에 더 혼비백산할 것들; 테러리스트 수중에 들어가면 핵폭탄이 될 것마저 저희들은 외면하였습니다. 머릿속에 남을까 겁내어 아예 거들떠보지도 않았습니다. 치기배는

치기에만 전념해야 한다는 프로 정신 때문이지요. 이 말은 외양간에 혹은 들판에 웬 쇠고삐가 하나 있길래 주워서 들고 왔더니 소가 제 발로 따라왔지 소를 도둑질하여 온 것은 아니라는, 소도둑 양반들의 핑계와는 전혀 다른 말입니다. 요새 그 놈들은 소목장으로 가서 코뚜레도 고삐도 없으니 야생의 임자 없는 소라고 한다지요? 들소들이 비바람 그리고 추위를 피해 무리지어 있는 것이라고, 트럭 대고 실어 간다면서요? 저희들에겐 오직 침묵 속 행동만 있을 뿐입니다. 선거 때만 되면 온갖 거짓말, 악의로 날조된 루머까지 동원하는 입만 산 선거 모리배들과 우리들은 한참 다르지요. 알려드릴 일이 있습니다. 보내드린 우편물에서 지문을 찾으려는 헛수고는 하지 마셔요.

젊은 시절에는 동에 번쩍 서에 번쩍 날고 기었지요.
사랑하는 그녀에겐 이동식(移動式) 은행에 다닌다고 했지요.
이제 나이 들어 눈치는 늘었지만
몸이 안 따라
봉을 보고도 그냥 놓아 보내지요.
젊은 날에 봉 잡은 얘기 좀 할까요.
멋쟁이 콧수염에 단장을 휘두르고 다니는
한 장년(壯年)의 신사가 큰돈을 가지고 다님을 알았지요.
며칠을 아무리 가까이 더듬어도
지갑에도 호주머니에도 그 큰돈은 없었습니다.

그 큰돈을 어디다 가지고 다니는지 알 수가 없었습니다.
신사가 마침내 호텔에 들었습니다.
숨어서 따라 들었지요.
가벼운 차림으로 스카이라운지에 나와 바람을 쐬고 있었습니다.
숨어서 그 신사에게만 들리게
"불이야!" 냅다 소리를 질렀습니다.
신사는 정신없이 호텔방으로 달려갔습니다.
옷도 추스르지 않고 지팡이를 들고 나왔습니다.
"옳다! 저것이로구나."
있는 곳을 알았는데 그것이야 뉘 것이겠어요?
지팡이 속을 파고 금쪽을 넣어 채웠더군요.

들치기 얘기 하나만 더 들어보세요.
밤 12시에 통금 사이렌이 불던 시절이었지요.
사이렌이 밤물결처럼 퍼져나가면서
사람들을 지붕 밑으로 쓸어 넣어버리면
그 소리는 우리들 작업의 신호탄이었지요.
쿵하고 담을 넘어 떨어져도
드르륵 미닫이를 밀어도 창문을 열어도
사이렌 소리가 모두 덮어 주었지요.
통금 사이렌 소리가
막힌 곳의 통행을 열어주었지요.

마침 젊은 부부의 사랑이 깊으면
살짝 지갑이 든 웃옷만 들고 나왔지
사랑을 방해하진 않았지요.
어쩌다 들어간 방이
혼자 사는 젊은 여인이 선풍기도 없어
실오라기 하나 걸치지 않고 탐스럽게 자는 양이면
살림이 오죽하랴 생각하여
잠을 깨울까 놀랄까 저어하며
고양이 걸음으로 나오기도 하였지요.
집에 두고 온 안쓰러운 아내를 생각하여서지요.
번듯한 집 안방
오입하느라고 안 들어온 사내를 눈치도 없이 기다리다
새우잠이 든 부인의 방에서는
장롱을 뒤져 금붙이하고 핸드백만 들고 나왔지요.
요샛것들처럼 꿩도 먹고 알도 먹고
또 꿩의 둥지마저 불 지르는 못된 짓은
사람이 할 노릇이 아니지요.
그때 저는 투명인간이었구요.
발은 고양이나 호랑이의 발처럼
아무리 달려도 소리가 나지 않았지요.

이젠 나도 늙었나봐요.
펄펄 날던 팔다리에 녹이 슬었나 봐요.

계단을 오를 때 아파하고
내려올 때는 난간에 매달려야 하다니요.
무하마드 알리의 노년이 따로 없데요.
눈도 침침해져서
그 사람이 그 사람 같고
모두들 긴 머리에 바지를 입었으니
뒤에서 보면
사낸지 계집인지도 통 구별이 안 가요.
이래 가지고는 날렵을 목숨으로 하는
우리들 일을 어떻게 하겠어요.
담을 넘다 다친 허리
치고 달리다 부러진 발목, 삔 무릎
유치장 찬 방에서 자다가 얻은 아픈 삭신
줘어 박히고 넘어져 골병든 몸
내 병을, 내 몸을 고쳐주세요.
병들고 다친 날짐승 산짐승도
데려다 고쳐 주는 좋은 세상 아닌가요.
나도 보험에 들게 해 주셔요.
도모업(掏摸業) 경영주로서
보험에 들게 해 주셔요.

피 같은 남의 돈을 빼내어
남의 가슴을 아리고 쓰리게 한 죄는

이제 나이 들어 나도 알지만요.
배운 게 도둑질이니 어찌한대요.
사기(詐欺)는 치지 않았고
배신(背信)도 하지는 않았어요.
더구나 사람을 죽이지는 않았어요.
그 짓으로 팔남매 다 대학 가르쳐서
어엿한 직장 가지고
성가(成家)하여 잘 살아요.
자식들은 아비가 벌어온
돈의 내력은 전혀 몰랐지요.
집에 와서 이 아비는 근엄하기 그지없는 가장으로
혹독하기 이를 데 없이 자식들을 가르쳤지요.
공부 열심히 하여 훌륭한 사람 되어라.
남을 속이지 말라.
정직한 사람이 되어라.
그러나 차마
치기배는 되지 말라 그 소리는 못했습니다.
고맙게도 자식들이 똑바로 자라 주었지요.
마음만 착한 아내는 나를 하늘같이 믿었구요.
그럴 때마다 나는 잠꼬대처럼 울었지요.
이젠 늙고 병든 몸이어요.
새도 죽기 전에 부르는 노래는
슬프다든가 곱다든가 했지요?

나도 의료보험에 들게 해주셔요.
죄값을 더 받아야 한다고도 하고
나라를 좀먹는 일밖에
무슨 한 일이 있다고
한 일이 무엇 있다고
나라보고 병을 낫게 해달라고 하는가.
너무 호되게 탓하진 마셔요.
청산의 장끼 까투리도
알맞은 사냥을 해야 잘 번식한다고 하데요.
전쟁에 사람이 죽어야
인종이 는다고도 하데요.
공(功)이 있는 이 과(過)도 있고
과(過) 드러난 이 숨은 공(功)도 있다데요.

지난 번 서울 올림픽 때는
김 모 교수의 간절한 애국적 충고를 따라
나라 체면을 생각해서도
도모업 문을 닫았지요.
끼니가 간 데 없어도
티 하나 안 내고
축구 응원을 갔지요.
4강(四强)에 들어 달라고
축구 응원을 했지요.

저희같이 간곤(艱困)한 사람의
간절한 사람의 응원을
웅숭깊으신 하늘이
안 들어 줄 리 있겠어요?

저희들도 자나 깨나
사람들의 소지품에 대한 경각심을 일깨우고
경제관념을 앙양시키고
오늘의 국부(國富)를 일으켜
세계 몇 째의 경제 대국을 이루는 데 한몫했습니다.
또한 소매치기(掏摸)의 원조(元祖) 나라에 출정(出征)하여
치기의 달인으로 잡혀 국위도 드날렸지요.
그보다 교통 혼잡을
미연에 방지한 공로는 인정해 주셔야 합니다.
그리고 요샛말로
경찰 계통 공무원의 고용증대에도
이바지한 바 적지 않다고 자부합니다.
이래도 의료보험에 안 넣어 주시겠어요?

궁금한 일 두어 가지

1) 중력(重力)을 뛰어넘을 수는 없을까요?

빠른 엘리베이터에서 하강 버튼을 눌러 내려갈 때 몸이 공중에 뜨는 경험을 한다. 소총(小銃) 탄알을 거꾸로 매달고 그 위에 사람을 올려놓았다고 하자. 소총 탄알에 빛의 속도보다 두 배쯤 빠른 하강(下降) 추진력을 가하였다고 하자. 그러면 총알과 사람은 분리되어 총알은 앞서 내닫고 사람은 그 뒤를 따라 발바닥을 앞세우고 머리를 뒤에 두고 낙하할까? 이때 사람은 노팬티즘의 스커트, 노브라의 헐렁한 스웨터에 긴 생머리를 한 처녀가 아니라고 하자. 총알과 사람은 중력의 저항선인 지표면에 추락하지 않고, 도버해협의 해저터널 같은 튜브로 지구의 중심부를 관통하고 반대편으로 나와 중력권을 통과하였다고 하여보자. 드디어 총알은 무중력의 세계로 들어섰다. 총알은 여전히 그 추진력에 의해 우주 안으로 달려 나가고 사람은 유영을 하고 있을까? 소총 탄알의 속도를 빛의 속도보다 두 배쯤 빠르게는 못한다면, 인간은 과학의 힘을 빌려 얼마만큼까지 빠르게 할 수 있을까?

2) 올라오는 에스컬레이터로 내려가려면 얼마나 빨리 달려 내려가야 하나요?

저기 올라오는 에스컬레이터로 한번 내려가 볼까? 그러려면 얼마의 속도로 달려 내려가야 할까? 아무도 없는데 에스컬레이터는 혼자서 심심하여 웅얼거리면서 꼭대기 그 곳까지 권토중래(捲土重來)로 올라오고 있다. 오르고 또 올라와도 장 그 높이에서 부끄러움으로 숨어드는 저 자동식 계단으로 한번 내려가 볼까? 그러다가 어디로 한번 끌려가 볼까? 용기가 없다. 내려가는 계단에 몸을 실었다. 다 왔다고 발을 밀어낸다. 돌아서서 치어다본다. 저기 쏟아지는 강철 폭포를 타고 한번 올라가 볼까? 당국의 허락을 받았다고 하더라도, 가만히 서 있으면 스르르 출발점으로 밀어내 버리는 저기 빙빙 내려오는 에스컬레이터로 뛰어 올라가 볼까? 여기 한사코 올라오는 에스컬레이터로 내려가는 것이 쉬울까, 풀이 죽어 내려오는 에스컬레이터를 타고 올라가는 것이 쉬울까. 아니 아래층에서 올라가는 에스컬레이터를 성큼성큼 걸어 올라가는 것이 빠를까, 위층에서 내려오는 자동식 계단을 엉금엉금 기어 내려오는 것이 빠를까? 이때 나는 무릎이 아파 잘 걷지를 못한다.

커닝(cunning)에 대하여

강의 시간 교수님의 질문이었습니다.

"초등학교 1학년부터 대학 3학년 지금까지 커닝 한 번도 안 해 본 사람?"

손드는 사람이 한 사람도 없었습니다. 한 여학생이 연구실로 찾아왔습니다.

"저요 정말로 어려서부터 이적까지 커닝 한 번도 안했어요. 양심적으로 말씀드려요. 아까 손 못 든 것은 저만 결백하다고 할 수 없어서였어요. 저 같은 학생들이 또 있을 거예요."

그 여학생은 시골에서 초등학교만을 나오고 서울로 올라와 남의 집 식모살이를 하면서, 중졸 검정고시 · 고졸 검정고시를 거쳐 사범대학에 들어온 억척파였습니다. 대학 졸업 후 서울의 중학교 선생님이 되셨고, 어떤 교수님의 중매로 선배 선생님과 결혼하여 예쁜 딸도 낳았습니다. 행복하게 사는가 하였더니, 세상 돌아가는 걱정, 학교 일 걱정, 시댁 일 걱정, 친정 일 걱정, 딸 걱정, 걱정으로 이마의 주름 펼 날이 없더니, 몹쓸 암에 걸려 40 조금 넘기더니 돌아갔습니다.

커닝 잘 하던 그러고도 한 점 스스러움도 없던 학생들은 선생님이 되셔서, 지금 선생님 잘 하고 잘 살고 계십니다.

참고로 커닝 여부를 물었던 교수님도 평생에 딱 한번 커닝을 하였음을 고백합니다. 고교 시절 어떤 과목 시험 때 셀룰로이드 책받침에 예상 답안을 써서 시험지 밑에 받치고 시험을 보았습니다. 시험 감독은 무서운 체육 선생님이셨습니다. 책받침을 보기는커녕, 무서워서 아는 것도 못 썼습니다. 집에 돌아와 등잔불 아래서 지우개로 책받침의 글씨를 지울 때였습니다. 불빛에 비친 책받침의 글씨를 보신 아버지가 말씀하셨습니다.

"그게 무어냐?"

이 말씀이 전부셨습니다. 시골 농부 아버지도 알고 계셨습니다. 교수님은 지금도, 하느님께보다도 아버지께 더 부끄러워하고 있습니다. 돌아가신 지 여러 해 되신 아버지께, 지금까지도 죄송스러워 하고 있습니다.

시집을 받고 '이것도 공해여' 라고 말하는 어느 중견 시인의 말을 듣고

"이것도 공해여. 공해도 큰 공해여."
지인(知人)으로부터 시집을 받고 하는
어느 중견 시인의 말이었다.
시집(詩集)을 보낸 이가 들었어야 했는데.
표지 안에 정성들여 쓴 헌사(獻辭)가
어엉엉 울고 있었다.
그 저명인사에게 보내온 시집이
책상 위에 산처럼 쌓여 있었다.
개봉(開封)마저 미룬 시집도 있었다.

시인이여 시를 쓰지 마시오라
차마 쓰지 않을 수 없어 썼거든
물에 흘려보내시라
차마 출판을 않을 수 없어
책을 냈거든 아무에게도 보내지 마시오라
서점으로 보냈다가 전량 반품되거든
노점(露店)으로 보내시라
노점에서 비바람에 펄럭거리거든
모른 척 싼 값으로 사들이시라.

이게 웬 떡이냐 아닌 밤중에.

보내지 않을 수 없는 이 있거든
그대의 이름도 헌사(獻辭)도 쓰지 마시오라
받는 이는 샀다고 하면
시집을 사는 교양인이 되고,
남에게 주어 인심을 쓸 수 있으니
후덕한 사람이 될 수도 있고,
보낸 이에게는 가공의 판매 부수가 늘 수도 있으니
이 어찌 아니 좋은 일인가.

황소걸음으로

너무 흥분하지 마세요.
그런다고 오늘 내일 세상이 바뀌지는 않아요.
당신의 명만 줄이는 것이어요.
세상일이
다 운수 속인 걸 모르시나요.

세상사는 다 돌게 마련이지요.
누가 알았어요?
이렇게 꿈쩍도 않는
땅덩이가 돈다는 것을
예전에는.

느긋한 마음으로
병 없이 오래나 사시오.
황소걸음으로
좋은 세월도 오리니
장수(長壽)가 천재라고 하였느니.

몇 천 년 전에도
요샛것들은 버릇이 없다 했고

세상은 곧 망할 것 같았지만
그도 곧 늙어 젊은이들을 탓했고
때가 되면
여전히 해는 뜨고 지고.

엄숙한 진실

고것들 참 예쁘다.
차려 입고 엄마 따라 외출하는
챙 모자 쓰고 생끗 웃는
일란성 여아 쌍둥이.

청년의 호주머니에
한 손만 넣어도 좋아
발맞추어 걷는
꽃 같은 젊은이 한 쌍.

에스컬레이터에서도
찰싹 껴안고 오르다 쪼옥
모퉁이를 돌다가도 쪽
건강한 저 목마름.

업(up)하여 살짝
가슴골 내놓은 젊은 여인
저 도도록한 뽀얀 살결
맑은 햇살이 부끄럽다네.

아닌 것도 아니지만

역사란 천재들의 분탕질(焚蕩)에 놀아난 기록일 뿐
현학(衒學)들은 그 시비에 골몰해 배가 부르고
그 뒷바라지에 피골이 상접한 민초들.

그 천재가 더 오래 살았으면
얼마나 좋았을까
그 망나니가 어떻게 제 명을 다했지?
가정(假定)이 불필요한 것이 역사.

둔재와 포류(蒲柳)는 오래나 살아야지
요절한 천재는
오래 머문 둔재만 못하고
오래 산 천재는
천수(天壽)를 다한
복 많은 이만 못하지.

하늘이 낸 이는
천재에 장수(長壽)에
복마저
많이 받은 이라 하지만.

그가 안쓰러워서

해놓은 밥이나 드시지
없는 살림에 왜 그 고생을 하시는지.
경련하는 머리로 짜낸
그대의 뚝뚝 선혈(鮮血)은
앞서 왔다 간 버릇없는 천재들이
다 까발려 놓은 북데기라네.

깊고 깊은 산골
상수리 쏟아지는 것을 보고
절간 십년의 신고(辛苦) 끝에
어제 당신만이 돈오(頓悟)했다는,
세상 사람들이 다 아는 만유인력의 법칙처럼
하늘 아래 새로운 것은 없는 건가?

없는 돈을 긁어 낸 시집(詩集)은
공으로 주어도 고맙다 않네.
고이 받아다
서가에 꽂아 두는 것만도
고마운 일인 줄 알라네,
큰 은혜 베풀 듯.

들어보았는가?

"아이고 내 책이! 아이고 내 책이!"

길가 시멘트 바닥에

싸구려로 널브러져 있는

자기의 적혈구들을 보고 하는

어느 큰 학자의 장탄식을.

차라리 한 잔 술을 사주시면

취중에라도 고맙다고나 하지

피로 모은 자음 모음들을

헙헙하게도 내주지 마시게나.

어차피 팟보일러(potboiler)*는 아니고

책 자선가는 더욱 아니라는

독한 오기나 가지시게.

선철(先哲)들의 손때나 편히 즐기시든지

해놓은 진지나 차려 드시든지.

정히 후일의 이름에 목마르시거든

반항의 아첨이나, 아첨의 반항이라도 해보시지.

세상이 톡톡 튀는 모진 돌만을 좋아해

매명(賣名)의 정을 반긴다 했으니.

---

* 팟보일러(potboiler) : 호구지책(糊口之策)으로 낸 작품. (돈벌이를 위한) 예술 작품; 그 작가[화가].

그대가 선철을 알려 하지 않는 것이나
뒷사람들이 그대를 모르는 것이
장 한 가지 아니오?
온 나라 사람들이
그를 위해 김칫국부터 마시는데
막상 떡 줄
유럽의 어느 나라 그분들은
깜깜 밤중에 딴전 부리는 이유를 아시오?

저 많은 사람들 속의 사람

문병차 병원으로 가는 길이었다.
시장 거리, 다리 위, 에스컬레이터 비탈에 선 사람들
모두 어디로 가는 사람들일까?
무엇이 저렇게도 바쁠까?
무엇이 저들을
저렇게도 부산하게 만들고 있을까?

저 많은 이들이 백 년 후쯤이면
저 팔팔한 청춘 그리고 아이들마저
한 사람도 없이 모두
가 버린다는 사실을 믿을 수가 없다.
백 년 전 사람이
한 사람도 없음을 보고서도 그런다.

이들의 한 사람이
나인 줄을 나도 잊고 있다.
이 불쌍한 이들을 가엾이 여길 아무도 없다.
긍휼히 여겨 줌을 받지도 않는다.
노여워하는 오만부터 배웠다.
그래서 저들이 더욱 불쌍하다.

반사이익으로 살아온 삶을 죄송해 하면서

이른 새벽이 아니라도 청과물 시장에 가면
무 배추, 수박 참외, 사과 배의
철모르고 살아온 계절에 놀란다.
계절의 전령사를 앞질러
저토록 풍성한 육덕(肉德)을 위하여
땀 흘려 온 노고는
맛보일 겨를도 없이
밤을 도와 이리로 달려와
주인과 함께 나를 호령하고 있다.

수산물 시장에 가면
권태롭던 삶이 번쩍 눈을 뜬다.
다라이 좁은 물에 갇힌 미꾸라지 · 조개
가슴 가득 숨 가두어 두고
해변의 여인들처럼 누워 있는 저들의 고운 살갗
좁다란 수족관에 갇혀서도
제 고향처럼 유영(遊泳)을 즐기는
너를 안타까워하는 나를
너는 희뜩번뜩 웃고 있구나.

크레인 철탑 꼭대기에서
한강 철교 날망에서
정자(精子)처럼 유동(流動)하는 가두의 시위대 선두에서
자유와 정의, 평등과 인권을 위하여
하늘을 향해 내두른 용기 있는 젊은이들의
깃발, 주먹, 핏빛 함성으로 쟁취한 전리품을 채가는
하이에나이긴커녕
반사이익을 주워 먹는 일에도
나는 망설이면서 죄송해 하고 있다.

낙엽에게

모두들 떠난
눈이 퀭한 광장에서
쓸쓸한 바람과 손도 잡지 않고
뜻 모를 말을 나누며 산책하는 너
네가 그이의 손을 놓았는가?
응접실에서의 손님 접대처럼
네가 소파에서 내려앉았는가?
해사한 아지랑이의 웃음
풍만한 태양의 우악스러운 포옹
그 호사(豪奢)는 다 어디로 갔는가?

산소 호흡기에 매달려
구차한 목숨을 애걸하기보다는
모든 장기(臟器) 기증을
팔팔한 젊은 날에 서약했다는 그처럼,
아름다운 비상(飛翔)의 종말을 위해
벼랑에서 내미는 구원의 손을
만개(滿開)한 꽃처럼 뿌리친 네가 논개다.

스산한 계절에
그이 생명의 월동(越冬)을 위해
수액(樹液)이 오르내리던
열애(熱愛)의 손을 떠나서도
그이의 꽁꽁 언 발을
금침(衾枕)으로 덮고 베고 있는
순애(殉愛)의 그대는 정녕 누구인가?

끝없는 목마름

나일 · 미시시피 · 아마존 · 양자강의 그 많은 물을
바닥까지 받아 마시고도
바다는 여전히 목이 마른가보다,
뭍을 향하여
철썩철썩 보채는 것을 보면.

강물의 마음을 달래어
바다에로의 발길을 멈추라고
바벨탑처럼 막아
민물은 민물끼리 유구한 세월 모이면
육지는 육지가 아니라 바이칼이, 카스피가 될까.

민물은 또 제 힘을 믿고 오만하여져
염도를 높이어 바닷물처럼 짜질까
바다는 더 교만하여져 짜질까
수위를 낮추어 겸손해질까
분노의 해일(海溢)을 더 자주 할까.

냇물아 강물아 큰 강물아
네 안에 사는 민물고기처럼 악어 하마들처럼

바다로 가지 말고 민물에서 살렴.
네가 가지 않아도 북극 남극의 얼음이 녹아
남태평양의 착하디착한 영혼들이
물에 잠길 날이 머지않아 온다더라.

어디라고 말하고 싶지 않아서

아름다운 것은 작은 것
작은 것은 아름다운 것
나의 오랜 착각이었다.
한 많은 죽음 곁에
눈물겨운 아름다움이 있다는 것도.

저 우람한 육덕의 아름다움을 보아라.
순결을 위해 타의 틈입(闖入)을 거부한
호벅진 둔부와 허벅지의 밀착을.
아름다움은 역시 사치의 어머니
허영의 딸.

모두 어디로 흘러갔는가?
욕망의 천지(天地)를 씻겼던 욕조는
하늘 어머니의
그 사랑의 손길이 샅샅이 보듬은
보숭보숭하고도 향기로운 욕수(浴水)는?

저 큰 캔버스의
수묵화는 여기서 어쩐 동양화인가?

붓을 든 화백의 크낙한 성녕은?
그림 속으로 숨었는가,
화폭 뒤를 볼까 안을 볼까.

이곳은 넓고도 살진 남의 땅
세상에 시샘 말 일은
사촌 곳간의 풍성이다.
남의 안방 아랫목의 다사로움이다.
이웃 여인의 아름다움이다.
이것 말고도 또 있음은?

마차를 끌어 고난의 산 넘고
목에서 쓴 내가 나는 사막을 가로질러
여기는 젖과 꿀이 흐르는 가나안인 줄 알았다.
불타는 갈증이 부른 안도(安堵)가
죽음의 독수(毒水)를 감로수(甘露水)라고 할 줄이야.

양귀비의 꽃다운 영화 곁에
얼음 위의 박처럼 매끄러운
금빛 비단의 교살(絞殺)이 있었고
가젤의 달디 단 호숫물 한 모금 아래
음험한 악어의 톱날 이빨이 숨겨 있을 줄이야.

천지가 아득한 죽음의 물
원한으로 침전된 은백색의 소금밭은
영원히 부패하지 말라는 비극의 유언
신은 그 곁에
이처럼 찬란한 아름다움을 진설해 놓다니.

내가 교유하는 멋진 사람들을 보시오.
경치만 볼 것이 아니라,
인생은 나그넷길이라 했지만,
그 길에서 백미(白眉)들을 모아
땅위의 배로 함께 항해를 이끈
당신은 정말 멋진 선장(船長)이었다.

(데스밸리의 최고 명승 자브르스키 봉우리(Zabriskie point)에서)

먼젓더위

부채질해 드리어
땀을 들인 상전의 말
내 이마의 땀
모두 어디로 갔느냐?

제 등으로 왔습니다.
진작.
하례(下隸)의
기어드는 목소리.

에어컨은
시원한 바람을 몰아오는
요술상자로
알았는데.

네 더위
내 더위
먼젓더위
아, 죄만스러워라.

강현규 시집

가르다 호숫가의 추억

2부

나는 나무이고 싶다

런던 올림픽에서 우리나라 선수의 연전연승을 보고

정정당당한 승리는 자랑스러운 것,
오만하던 자와의 투쟁에서 얻은 승리는
더욱 통쾌한 것,
사술(詐術)을 쓰는 자와 싸워서
당당한 승리는 더욱 자랑스러운 것,
마음껏 흔희작약(欣喜雀躍)하여도 좋다.
휴식도 훈련의 일부다.
내일의 승리를 위한 자양분일 수 있다.
애써 기쁨을 감출 필요는 없다.
그것은 위선이다.

이제 다시 성채(城砦)를 보수하고
승리에의 도취를 접어야 한다.
파수꾼(把守-)도 보초(步哨)도 없는 지금은
오만에 도취해 쓰러져 자고만 있을 때가 아니다.
적의 기습을 명심해야 한다.
승리보다 수성(守成)은 더 어려운 것
지구 저편에서 우리에게 승리를 안겨 주고
쓰러진 저들의 쓰린 가슴에다가

걸어서 귀국하라는
독기어린 말을 새겨들어야 한다.

땀범벅에다 생채기 난 고운 볼을 가리고
보다 멀리, 빠르게, 높이
달리고, 솟구치고, 메치고,
찌르고, 치고, 차고, 쏘고, 헤엄치던
매트에서, 사선(射線)에서,
풀(pool)과 링(ring)에서, 운동장에서
자신 있게 외치던 말 :
우리보다 땀 더 많이 흘린 자 있거든

승리의 메달을 가져가라!
심판은 공정하기만 하라!
자랑스러운 승리의 깃발은
우리의 머리위에서
위풍당당하게 펄럭일 것이다.

타임캡슐

지금 하는 내 생각을
나 죽은 후 한 백년쯤
입 싸고 한가한 후인들은
무어라고 할까?
그때 강모(姜某)는
이런 어리석은 생각을 했어?
아니 벌써 이런 생각을 했어?

천동설(天動說)의 세상 천지에
하느님도 놀라실
지동설(地動說)을 외친 그는
세기의 징집된 벙어리 역적이었다.

노팬티즘의 세월 속에
조물옹이 감춘 우주(宇宙) 섭리를
무엄하게도 들추어 본 방자한 그는
신의 불같은 노여움을 산 패륜아.
그래서 그는 귀신이 일찍 데려가야 할
요절할 수밖에 없는 천재.

조급하신 양명(揚名)이야 조금 참으시지
하늘이 주신 그대의 수(壽)를 다한 후에
임종(臨終)의 자리에서나
그 천기(天機)를 누설하시지.
살아생전의 이름이야
뜬 구름 같은 것.

지재(地才)에게 일러줄 말
그대가 들추어낸 천기를
세상이 아직 몰라줌은
그대의 천수를 지켜주기 위함임을 아시게나.
세인이 그대의 천기누설을 알면
귀신이 그대를 요절낼 것임도.

개똥밭에 굴러도
이승이 좋지 않은가?
그러기에 쥐어주어도 모르는
초야우생(草野愚生)임을
고마워해야 하지 않겠는가?
그대, 나는.

첫눈 오는 날 만나자는 약속

첫눈 오는 날 만나자는
그 향기로운 약속은 허언(虛言)이었군요.
뙤약볕의 한 여름 그 날부터
얼마나 많은 날들을
하염없이 기다렸는지 아시나요?
당신을 망설이게 하는 것은 무엇인가요?
동화 속의 어린아이처럼
용감해지지 않으면 후회해요.

차라리 만나지 말자고나 했던들
만나자고 조르기라도 해 보았지요.
꽃다운 약속은 기약이 있어서 좋고
심야(深夜)에 오는 눈은 오늘을 다해서 좋고
내릴 때까지는 온 눈이 아니어서 좋고,
그래서, 열흘 별러 하루 쓸 날이 없다고 했나요?
망설이는 호랑이는
겁 없는 토끼만도 못 하대요.

보리수도 없는 곳에서
느지막하게 깨달은 것은

드넓은 길 위의 기름 흑마(黑馬)는커니와
새도 비행기도 날 수 없이
펑펑 첫눈이 내릴 줄을
아니 벌써 아셨던가요?
초대한 두루미 앞의 맛있는 수프 접시였나요.
궁리가 많으면 죽을 궁리만 생각한대요.

우리 만날 수 있는 오늘 당장 만나지 않으면
만나고 싶을 때 만날 수 없음을 아시나요?
지금 그리고 여기서 만나야 해요.
저기 서산(西山)에 걸린 오늘의 해가
펑펑 내리는 첫눈으로 아득하네요.
창가로 다가가 바라보세요, 지금.
저기 눈 속에서 깔깔거리며 뒹구는 아이들이
누구를 보고 웃는지 당신은 아시나요?

삶은 달걀 2

시골 장터
추레한 좌판 앞에
추사체의 '삶은 달걀'.
디오게네스 아주머니인가.

저 현기증 나는 명제 앞에
깜짝 놀라
다시 보니
달걀 한 무더기.

삶은 달걀이고 말고
먹기에도 살기에도 목이 메고
떨어져도 넘어져도 깨지기 쉽고
품어도 안아도
털 보숭보숭한
새 생명을 불러오기는 늦었고.

약속은 하지 말아요

우리 약속은 하지 말아요.
맹세도 하지 말아요.
약속은 조각나기 쉬워서만은 아니어요.
맹세는 깨지기 쉬워서만도 아니어요.
그렇게 못 믿겠다는 것 아닌가요?

만날 사이는 꼭 만나는 것
서로의 마음은 마음으로 알잖아요.
옥걸고 또 옥걸어도
지문마저 지워지는 걸 어쩌지요.
돌에 새겨도 비바람이 헤살짓는 것을.

야단스럽게 고맙다고 말하는 것도 아니어요.
삼복(三伏) 날씨인데도 손잡는 건 억지지요.
물은 흐르는 대로 바람은 부는 대로잖아요.
믿을 건 지금 그대의 다사로운 마음뿐,
그대에게 드리는 내 이 사랑하는 마음뿐.

삶은 달걀 3

삶은
달걀
삶은 달걀
후회 뒤의 쓴 웃음.
둔재도 뻔히 아는 것을
천재도 모르는 것은 이것.

죽고도 육탈(肉脫)이 되어서야
썩다 멈춘
인조 섬유 수의(壽衣)의
그물망 뒤집어쓰고서야 짐작하는 것.

미로(迷路) 같은
해골 속 끝없던 탐욕은,
숨어서 더욱 기고만장한
환도골(環刀骨) 앞의 만용(蠻勇)은
모두 어디로 갔느냐?

그래도 미욱한 나는
삶은 모두가

헛되고 헛되도다 하는 뜻을
아직도 잘 모르겠다.

단장(斷章) 몇

① 괘씸한 천재

그대가 모두 까발려서 양양한 모습으로 보여 주는데
보여주는 것을 보고도 분간 못하는 이 용재(庸才)는
그가 부귀영화 모두 누리고 가버린 빈터에
그래도 몇 모가지 이삭이라도 있나 하여
용렬한 재주로 광야를 뒤지면서 되뇐다.
아버지 어머니
기왕 고생하여 낳아 주시려거든
저 천재 낳기 전에 낳아 주시든지.

저들이 알아낸 것 안 보고도
나 혼자서 알아냈는데
내가 세상에 아니 말하여
속이 쓰리고도 아리게
그의 공이 된 것을 보세요.
아버지 어머니는 아시잖아요.
99섬 가진 부자가
근근이 모은 한 섬을 빼앗는
저 횡포를요.

시골 작은 마을의 천재는
한 나라 안 천재의 어린 아이
한 나라 안의 천재는
그보다 열 배 백 배 큰 나라 천재의 어린 아이
그 큰 나라의 천재는
인류사상(人類史上) 천재의 어린 아이.
전부가 아니면 제로라는 마음으로 자족하는 것이
용렬한 이의 자위하는 마음.

② 당신 심심파적(破寂)의 탓으로

광대무변의 우주를 섭리하는 이여
당신의 눈짓 한 번에 독심술(讀心術)의 제후(諸侯)는
당신 아래 지상(地上)을 향하여
천둥치고 벼락을 때려
힘없고도 죄 없는 민초들만 볶는다.
생각하면 긴 세월을 살아왔는데
세상을 위하여 이룬 것은 없고
귀한 산소, 청정한 물, 하많은 자원만
덧없이 소모한 세월이었네.

③ 죽음에 대하여

또 생각하면 저리 많은
다리 위를, 에스컬레이터를 물 흐르듯 흐르는
팔팔한 젊은이 어린것들이

고속철 비껴가는 순간에
모두 죽어서 태워져 버리거나
꼭꼭 묶여 그도 오그려 묶여
또는 작대기처럼 '손발 차렷'하여 묶여
땅에 파묻혀 버려,
죽어도 못 잊을 것처럼
뼛속 눈물을 다 짜내어 울던 사람들이
언제 그랬냐는 듯이
까마득히 잊어버린다는 것은
참으로 신기하고도 고마운 일이다.

악의 화신으로 살다가
비참하게 죽은 이가 있었다.
잘 죽었다고 하기에는 너무 모진 말이고
안됐다고 하기에는 위선이다.
이 세상에 살아
칭송 받을 한 가지 일이라도
하고 죽으면 오죽 좋으랴.
죽음 그것이 슬픔은
천당 혹은 극락에 가는 길이라 하더라도
개똥밭에 굴러도
이승이 더 좋은
삶의 아린 종말이기 때문이다.

④ 책에 대하여

모두들 즐기고 버리고 간 여인을
첫사랑처럼 붙잡고 매달리는
어리석은 마음.

재테크의 이사(移徙)에 가장 큰
싯달타의 사랑스러운 라훌라(羅喉羅)
어리석은 이는 쓰레기통에서 주워 모으는데
어진 이는 즐기고 버린다.
더 어진 이는 이웃에 무기한 무상으로 대여하고
아주 어진 이는 고서점에 비싼 값으로 판다.

참으로 슬픈 일

사람 사이란
나이 먹어 가는 만큼
강물이 세월처럼 흐른 만큼
귀신도 모르게 멀어진다.
물고 빨고 귀애하던 고사리 손이
머리부터 커가는 마음을 보아라.
이 말이 허언(虛言)인가.

세월에 앞서 흐름을 보아라.
어머니의 꽃살을 나와
그 가슴을 파먹고 자란 자식의 버성김
사랑하는 사람 사이에 놓인 여린 갈대
가시버시 사이의 임의로운 핑계
우정(友情)을 물어뜯는 독사를.

어머니도 자식도
사랑하던 두 사람 다
사내도 아내도
관중(管仲)도 포숙아(鮑叔牙)도
한 날 한 시에

증오의 시퍼런 빛깔로 돌아서는
결투의 비정함은
차라리 천만다행이다.
짝사랑만은
슬픈 일이기 때문이다.

마음이 지척이면
천리만리도 지척이라는데
안 보인다고 잊음은
더욱 슬픈 일이다.
사냥꾼의 총에 맞아 죽은 줄도 모르고
지나가는 바람결에도 어미인 줄 알아
황구(黃口)를 목젖까지 벌리고 몸부림치는
둥지 속 새끼 새의
새빨간 알몸뚱이의 애달픔을 아는가?

하기야 나이 먹어 갈수록
해일처럼, 강물의 역류처럼
철부지도 알 만큼
사람 사이가 가까워져
무덤 속에서도 못 잊어
벌떡 일어나 다가온다면 다가간다면
그건 참으로 슬픈 일이다.

망각은 슬픔을 추방하는
삶의 파수꾼이자
역사의 동반자이기 때문이다.

그러나 아파트 폐기물 속에
휑뎅그렁하게 버리고 간
신혼부부의 침대를 보고 말하라.

책에 나온 사람들의 생몰년(生沒年)을 세어 보면서

너무 일찍 죽었구먼,
아니 나보다 일찍 죽었구먼,
노인 복지 걱정 덜어주었구먼,
나는 이적까지 뭐 했어?

굵고 짧게냐,
가늘고 길게냐?
천덕꾸러기로 사느니
그렇다고
일찍 잘 죽었다고는 못하겠고.

사치의 고마움

문화니 교양이니 하는 것들은
허영 사치 그리고 이기심의 꽃이리라.

거리 모퉁이 좌판(坐板) 위의
시든 산나물 봄동 값을 깎다가도
유두분면(油頭粉面)에 비단옷을 두르고
외제 명품 가방 빈 속을 들고
허영의 거리에 나섬은
얼마나 고마운 일이냐,
어찌 화려한 관광이 아니냐?

거울 앞에 앉거나 서서
노심초사하는 선남선녀야,
혹한의 얇은 옷에 떠는
부잣집 외동딸들
폭염에 정장한 비만의 선남들
그들의 독백이여
'이게 모두 나 좋은 일이냐
너 좋은 일, 남 좋은 일이지.'

나는 그들의 대오각성이 두렵다.
그러면 세상은 아수라장이 될 것이다.
사치는 참으로 고마운 것
허영의 강장제
문화의 꽃
경국제민(經國濟民)의 활력소.

나 몰래 오는 눈에게

당신은 어쩌자고
내가 자고 있는 밤에만
소리도 없이 왔다 가시나요?
혼곤(昏困)한 나의 잠을 깨우지 않으려는
당신의 뜻을 모르는 바 아니지만
당신의 고요로운 자태를 그리는
이 나의 수줍은 마음을
어쩌자고 당신만은 모르시나요?

당신의 알뜰한 정표(情表)를
창밖 저기 저처럼
하늘을 향해 팔 벌린 나무 위에
요요(嫋嫋)하게도 올려놓고 가셨지만
그보다도 나는 당신을 보고 싶어요.
왔다가 훌훌 떠나가는 이는
사랑하는 이를 보내는 슬픔을 모르실 거에요.
어쩌자고 당신만은 모르시나요?

당신은 어쩌자고
창에 등을 돌리고 있는 내 시간에만

기척도 없이 왔다 가시나요?
어수선한 나의 마음을 재우려는
당신의 뜻을 모르는 바 아니지만
아스라한 우윳빛 하늘로부터 원무(圓舞)로 내려오는
당신의 꿈속 자태를
언제부터 그리고 있었는지 나도 모르는
나의 이 마음을 당신은 모르시나요?

창밖 저기 추위를 막아 선
경건한 기구(祈求)의 팔 위에 진설(陳設)하신
당신의 살뜰한 선물은
지금 한낮 소리도 없이 사라졌지만
당신을 향해 식을 줄 모르는 나의 사랑을 보셔요.
이 계절에도 호접(胡蝶)으로 오시는 보고지운 당신이여
어쩌자고 당신만은 모르시나요?
당신을 그리는 이 나의 마음을.

미운 사람아 사랑아

미워하려 해도
미워할 수 없는 사람아
그리워
어찌할 수 없는 사람아

잘코사니다
쌤통이다
말똑싸다
It served you right.

어느 것도 아니다.
그럼 무엇이었느냐?

그렇게도 가려거든
가서 잘 살기나 하라고
해로하면서
잘 살기나 하라고
했지 않았느냐?

잡상(雜想) 수제(數題)

1) 업보

받아주심을 내가 고마워하는 당신께는
갖다 바치려 하고
당신의 은총을 받고도
빼앗으려 하는 나는
어떤 사람인가요?

발바닥 그리고
발가락 사이의 그 궂음으로
나, 서고 걷고 뛰고 있음을
한 몸인 나마저 모르고 있는
나는 누구인가요?

양계장 주인, 그리고 목장 아저씨
잠깐만 귀 막고 계셔요.
암탉들아, 너, 무정란마저 낳지 말렴.
사료가 아무리 맛있어도 먹지 말렴
암소들아, 너, 인공수정마저 거부하렴
푸른 초원이 아무리 좋아도 눕지도 말렴

총각들아 남성들아
목이 아무리 말라도
어머니가 떠주는 샘물마저 마시지 말라.
아들, 아가야
젊은 어머니가 물리는 젖도 물지 말렴
네가 좋아하면 자유
내가 좋아하면 부끄러움이란다.

2) 봄볕이 길고 가을볕이 짧은 이유

봄볕이
여우 꼬리고
가을볕이
노루 꼬리인 뜻을 아는가?

긴 봄볕에는
며늘아기 새아기 밭에 내보내어
쉬엄쉬엄 하라 하고,

짧은 가을볕에는
귀여운 고명딸 그을릴라
어서 하고 들어가라
들에 보낸다.

3) 텃밭에서

텃밭은 말하네,
좋은 씨를 뿌려라.
튼실한 싹을 심어라.
깃기 전에 김매고
이울기 전에 물 주어라.
좋이 길러 진설(陳設)해 줄 테니.

지스러기는 남기고 가렴
밤에 내려올
시장한 산 손님들의
이삭으로 두고 가렴.

나는 바라노니
거두어들일 땐 알곡만 말고,
한 여름 애 쓴
허수아비도 안아 들이렴.
허리 굽혀 두 손으로
포근하게.

가슴 가득 키워 출가시킨
휑뎅그렁한 가슴 자리는
간조롱히 다듬어 덮어 드리게나.

축복 받은 새봄의 파종을 위하여서라도.

2016. 11. 2

4) 내가 몰랐었던 나

그 맛있는 것을 먹다가
내 이가
내 혀를 깨물 때
내 볼 안쪽을 깨물 때가 있다.

그때 나는 화들짝 놀란다.
내게 이렇게
모지락스러운 이빨이 있어
밥을 깨물고
고기를 뜯고
채소를 씹고 하여 먹었구나.

이런 데도 나는 나를
우유부단(優柔不斷)한 사람이라고만
자책하여 왔다.

침묵

천년을 지켜보고도
울기는커녕 한숨도
기침도 않는 학이 있다는데
잠시도 쉼 없이
재잘거리는 너는 누구인가?

세상은 학을 벙어리라 하고
참새를 정의라 한다.

미운 것을 밉다 하지 못하고
사랑스러운 것을 사랑스럽다 안 하고
기 한번 못 펴고 살아온
잿빛 세상이 서러워라.

이제는 재갈을 물고라도
미운 것을 밉다 하고
귀여운 것을 귀엽다고 말하고 싶어라.

나는 나무이고 싶다

- 늦가을 은행나무 아래서

모든 목숨들의 죽음은 슬프다
아름답지는 않다
헤어짐도 슬프다
안 아름답다.

하르르하르르
고요를 안고 지상(地上)으로 숨지는
너의 분신(分身)마저
눈물겹도록 아름다운 나무 너는
천지간에 무슨 복을 받았는가.

옹알이하던 입들이 벙글던 시절
차반*마저 향기로웠던,
꽃보다 아름다운 이 계절의
너는 하늘이 낸 미인.

천생(天生)의 미인은
그 자신을 요해(妖害)하지 않으면

---

* 차반 : 갓난아이가 눈 똥을 사랑스러워 하는 말.

다른 사람을 요해한다*고 하지 않았는가?

세월을 살면서 아직도
사념(邪念)을 떨치지 못하는 나 이제
조금은 학처럼 살고 싶다
그렇게 살다가 죽고 싶다.

한 해를 인고(忍苦) 속에 살다가도
이 혹독한 계절을 나목(裸木)으로
곧추 서서 묵상(默想)하는
너는 누구인가.

벌써 봄을 기다리고 있는 걸까
이 계절을 인내하고 있는 걸까?

나는 너이고 싶다
늙을수록 더욱 청청한
죽어도 서서 죽어 아름다운
너, 나무이고 싶다.

---

* 앵앵전(鶯鶯傳) : 일명 회진기(會眞記)에 나오는 말.

눈 쌓인 아침에

밤 사이 쌓인 눈 속의 이 아침에
새들의 주린 아우성이 난무하는데
아내와 아이들은 좋아라고 탄성을 지른다.

저 가을에 매달아둔
까치밥을 위해 새들은
이름 모를 나뭇가지를 다투어 흔든다.

옛날 마을에 내려온 호랑이의 말
초저녁에는 살진 암소나 송아지 송아지
새벽녘 번히 날샐 무렵에는 주린 속으로
비루먹은 수소(牡牛)나 늙은 수캐라도 수캐라도.

3부

효자 나무꾼과 어머니

사위야 사위야

사위야
자넨 자네 딸이 더 좋은가
내 외동딸이 더 좋은가?

장인 어른
장인 외동딸도 좋고
제 딸도 귀엽습니다.

사위야
자네 처가 더 좋은가
자네 처의 남편이 더 좋은가?

예?
장인 어른 외동딸의
남편이 더 좋습니다.

옹졸한 속

네가 심심 한가할 때
나도 그랬으면 참 좋겠다.
헛소리라도 할 수 있어 좋을 테니까.

네가 아플 때
나도 아팠으면 참 좋겠다.
남몰래 앓는 네 속을 아는
지통(知痛)이라도 되고 싶어서다.

매몰차게 간 사람아
너도 너의 첫사랑에
내가 아팠던 만큼만
아팠으면 좋겠다.

살기가 힘든 건

사람만이 아니란다.
물속의 고기도
땅위의 짐승도
하늘을 나는 새도
살기 힘 든 건 마찬가지란다.

다 살아가기 마련이란다.
그래서
송사리도 살고 고래도 산다.
토끼도 살고 호랑이도 산다.
뱁새도 살고 독수리도 산다.

크고 힘센 나라도 살고
작고 여린 나라도 살기 마련이다,
제 살붙이끼리 물어뜯지만 않으면.

묘지명(墓誌銘)

놀지도 못했다
놀 줄도 몰랐다
이룬 것도 없다
모질지도 못했다

무해무덕한 사람이려고만 애썼다.

문(門) 바르던 날의 행복

추석이 열 밤밖에 안 남았다.
문을 발라야 추석을 쇠지,
문을 모두 떼어서 마당에 내다놓아라.
봉창(封窓)은 놓아두고.
문짝을 활짝 열어서
팔 벌려 들어 올리면
수톨쩌귀가 위로 살갑게 빠지면서
문이 가슴으로 안겨온다.

지난 세월처럼
빛바랜, 미어지고 찢긴 문종이를
뜯어내라 마음대로 뜯어내라.
부수는 맛 찢는 맛을
한껏 즐겨보렴.
엉덩이로 문을 닫는
문고리의 설렁줄은 잠시 풀어라.
문살에 엉겨 붙은
묵은 해의 때를
물 불려 칼로 박박 긁어내라.

풀은 벌써 쑤어 놓았다.
보드랍고 질긴 우리의 문종이
종이 속의 뼈가 스스로 고운 무늬를 이룬
문종이에 풀칠을 하자!
문살에도 풀을 바르자!
어머니는 풀비를 들어 문틀 위에서부터
풀칠한 착한 문종이를 쓸어내린다.
한번 맺으면 떼기는 어려운 게 세상의 이치다.
방 안쪽 문고리 근처는 '국화 잎' 수를 놓았다.
가을볕이 좋으니 볕에 맡겨라.

짧은 가을해가 설핏해졌다.
뽀얀 누이의 볼을 닮아
문종이가 탱탱 더 예뻐졌다.
어서 문을 달아라!
안방 문에는 아까 풀어 놓았던
문닫이 줄을 다시 매어라!
누이야, 안 일러 주어도
알 건 다 알고도 모르는 척하는 누이야,
누이는 문을 달지 말아라,
그것은 내가나 할 일이다.

암톨쩌귀는 왜 이리 애를 먹이느냐?

위가 맞으면 아래가 안 맞고
아래를 맞추면 위가 벗어나고
아아, 아파 팔이 아파!
이 때 아래 위가 딱 맞아 쑥 들어갔다.
그래서 어린 내가 사나이가 되었다.

등잔불을 켜라, 심지를 돋우어라,
그을음이 좀 난들 어떠냐.
등잔바탕 위, 천장이야 벌써 그을린 천장.
문을 닫고, 얌전히 닫고 나와라.
아니 얌전히 나와서, 살포시 문을 닫아라.
누이야, 덜렁이 누이야
등잔불 꺼질라.

밖으로 나와서 보아라!
저 환한 방안 저 고운 문살을.
방(房)은 저 안에 있고
문(門)은 창(窓)이다, 벽이 아니다.
사람 드나드는 문이
양수겸장(兩手兼將)
빛이 드나드는 창도 되었다.
그렇고 말고
방(房)은 문(門)과 창(窓)이 있어야 방이지.

밖에서 안을 들여다만 보는 창이 아니라
눈(眼)처럼, 안에서 밖을 내다도 보는 창이다.
문(門) 안에 또 창을 내야겠네,
사립문에 누가 왔나 보아야겠어,
문을 아니 열고도 내다볼 수 있는 창을.

떼어놓았던 방의 눈(眼)을 문 가운데 앉혔다.
잠망경(潛望鏡)이 이것이다.
수심(水深) 깊은 곳에서 나만 내어다 보고
밖에서 그는 못 보는 잠망경이다.
어찌 가슴 뛰는 기쁨이 아니겠는가?
'깜빡' '순간(瞬間)'의 눈(眼)을 보아라!
창은 늘 열어 두는 게 아니다.
눈(眼)위에 새 돈(新券)같은 눈꺼풀을 붙여
임이 오실 때만 들창처럼 밀어올려 볼 일이다.

《문학사랑》 2017년 가을호 통권 121호

효자 나무꾼과 어머니

나무꾼 아들이 말했다
“나무 한 짐 해다가
부엌 허청에 부려 놓았어요.
어머니, 어머니.”

아들은 웃통을 벗어부치고
마루에 벌렁 누워
‘아이구 아이구’ 엄살을 부린다.
“어깨가 아파요, 다리도 아파요.
옆구리도 결리고 손목도 아파요.
어머니, 어머니.”

“아이구 내 새끼 어쩐댜!
어깨가 어디냐, 다리냐, 무릎이냐
옆구리가 어디냐, 등이냐, 허리냐?”
“아이구 시원해요. 거기요, 거기.
이젠 괜찮아요, 그만 하셔요.
어머니, 어머니.”

효자 아들 행색 보러온 이웃
깜짝 놀라 하는 말
'숭한 불효자놈이로군
효자라기에 고기 봉양에
어머니를 늘 업고 다니는 줄로만 알았지.'
나무꾼 효자의 말
"우리 어머니 맘 상하실까봐 조용히 드리는 말씀이어요.
돌도 먹고 삭일 나이에 나무 한 짐 해 오고서
무에 그리 아프고 결리겠어요?
청상으로 저만을 보고 살아오신 어머니가
저를 그렇게 애지중지 아끼시잖아요.
좋아하시잖아요.
우리 어머니가
나의 어머니가."

《문학사랑》 2017년 가을호 통권 121호

어느 효자의 이야기

어머니,
억지말씀 좀 그만 하셔요.
하지 마셔요.
제 속이 썩어요.
무너져 내려요.

아들아, 아들아,
5대 독자 내 아들아
너 하나 믿고 청상(靑孀)으로 늙은 게 한이 되어
이제 네게나 억지소리 좀 하는 거다.
내가 남에게도 억지소리를 하더냐!
난들 억지소린 줄
모르고 하는 줄 아느냐?
아들아, 이제 장성하여
세상에 어엿이 선 아들아
이젠 네가 이 집안의 상기둥 어른이다.
이제까지 혼자 썩어온 속을
네게나 좀 풀면 안 되겠느냐?
이젠 나도 네게 응석 좀 부리면 안 되겠느냐?
네게 좀 기대면 안 되겠느냐?

나도 가슴 켜켜이 쌓인 한을
죽기 전에나 좀 풀고 죽으면 안 되겠느냐?

너 지금 내 억지소리 듣고 못 참는 걸 보면
나, 더 늙어 노망이나 들어
못할 짓, 할 짓 가리지 못하면
나를 본 척이나 하겠느냐?

아니어요.
어머니, 어머니
제가 잘못했어요.
어머니 저 어릴 적
제가 삐치면 저 업어주셨듯
제가 어머니 업어드릴께요.
응석 실컷 부리셔요.
아가 어머니, 어머니 아가
저 젖먹이시던 잦아든 가슴
제 등에 업히셔요.
둥기둥기 아가 어머니, 어머니 아가
우리 어머니.
나의 어머니
어머니, 어머니, 어머니!

고맙습니다

– 양강재(楊江齋) 고 강우영(故 姜友永) 어른 영전에

눈물이 나도록 고맙습니다.
백발에 흰 고무신
바지 저고리에 두루마기의
초라한 행색의 시골 할아버지
나의 아버지, 나의 아버지.
머리에 서리를 이고서도 한참만에야
아버지 당신의 서글픔을 알았습니다.
웅숭깊으신 아버님의 은혜를 알았습니다.

검게 그을린 얼굴에 깊게 파인 주름
바위 못 박힌 손바닥
옹이 마디진 손가락
검버섯 솟아오른 손등의
나의 아버지, 나의 아버지를
다사로운 손길로 감싸주시고
더없이 융숭한 대접을 해주셨다는 어른.
건성으로나, 의빙(依憑)으로 하는 것이야
난들 모르겠느냐고 하시던 아버지.

불초가 하늘처럼 고마워하는 아버지께
큰 산처럼 고맙게 해주신 어른.
나의 아버지, 나의 아버님도 가셨고
어른께서도 이젠 가셨으니
마음을 둘 데 없어
그때, 아버지의 마음을 못 잊어,
아버지의 마음에
불초의 고마움을 더하여
천질(天質)이 덕인(德人)이신 어른 영전에
다할 길 없는 고마운 마음을
술 한 잔 올리면서 간절히 비옵니다

'나의 아버님과 함께
극락왕생하옵소서!
왕생극락하옵소서!'

준마도(駿馬圖)

입은 듯 벗은 저 당당한 조물옹(造物翁)의 전(氈)* 성녕* 이여
벗은 듯 입은 어느 서릿발 같은 관능(官能)이여
하늘이 그대에게만 허(許)하신 자르르르
매끄러운 오만(傲慢)이 아름다운 관능이여.

오예(汚穢)는 물렀거라, 범접(犯接)치 말라
가릴 곳에 드리운 삭모(槊毛)*의 삼엄한 둑기(纛旗)*여
사불범정(邪不犯正)이니라, 하늘에 해는 하나뿐이니라
드리울 곳에 모아 내건 제왕(帝王)의 보불(黼黻)* 깃발 같기여.

낮 하늘엔 해가, 밤 하늘엔 달이 둥두렷이 빛남은
태초로부터 밝혀온 천지 조화요 음양의 이치
영웅이 요조숙녀(窈窕淑女)*를 좋아함은 사람만의 일이 아니리니
'쏴앗!' 명령만을 고대하는 은폐(隱蔽)* 엄폐(掩蔽)*의 웅장한 포신(砲身)이여.

※ ①전(氈) : ㊀짐승의 털로 아무 무늬 없이 톡톡하게 짠 피륙. ㊁짐승의 털에 열을 가하여 눌러 만든 넓은 천 모양의 물건으로, 모자나 양탄자 따위를 만드는 데 쓰인다. 氊(전)・氊(전)으로도 쓴다.

②셩녕 : 수공예(手工藝)를 뜻하는 우리 옛말.

③삭모(槊毛) : 기(旗)・창(槍) 따위의 머리에 술이나 이삭 모양으로 만들어 다는 붉은 빛의 가는 털. 상모(象毛).

④둑(纛. 본음 독) : 대가(大駕) 앞이나 군중(軍中)에서 대장 앞에 세우던 기의 하나. 큰 삼지창(三枝槍)에 붉은 삭모(槊毛)를 달았음.

⑤보불(黼黻) : ㊀제왕의 예복으로 입던 치마같이 된 부분에, 도끼와 '亞'자 (혹은 두 개의 '弓'자 대칭) 모양으로 수놓은 무늬. ㊁화려한 문양을 수놓은 예복. 흔히 제왕과 고관의 옷을 이른다.

⑥요조숙녀(窈窕淑女) : 얌전하고 어진 여자. 요조숙녀 군자호구(窈窕淑女 君子好逑) : 안존한 고운 여자/군자의 좋은 짝이로다. (詩・周南 關雎).

⑦은폐(隱蔽 : Concealment) : 적의 관측으로부터는 보호되나 적의 화력으로부터는 보호받지 못하는 것을 말함. 적의 관측으로부터 보호받기 위하여 차량, 개인 또는 부대가 은닉, 조화, 혼란, 가장 등의 방법을 이용하여 위치를 숨기는 것.

⑧엄폐(掩蔽 : Cover) : 자연 또는 인공적인 장애물에 의하여 적의 관측과 직사화기 사격으로부터 보호되며, 곡사화기 사격으로부터 부분적으로 보호되는 것.

엘리베이터(elevator)는 승강기(昇降機)가 아니라고

– 이어령 교수의 말을 듣고

엘리베이터(elevator)는 승강기(昇降機)가 아니라
올라가기만 하는 것［昇機］이라고요?
하늘까지라도요?
내려올 때는 어떡하지요?

승강기(昇降機)는
올라가기도 하고
내려오기도 하는 것
계단은 필요 없지요.

아파트 꼭대기 층 사람은
올라오고 내려가기만 하지
올라가지도 내려오지도 않나요?
그러면 엘리베이터(elevator)보다는 승강기(昇降機)지요.

아파트 1층 사람은
올라오지도 올라가지도
내려오지도 내려가지도 않으니
엘리베이터도 아니고 승강기도 아니지요.

《문학사랑》 2017년 가을호 통권 121호

※elevate : 높이다(raise), 올리다(lift up), 받들다. 등용(登庸)하다(exalt). 반 degrade
(《라틴》 ēlevātus ← ē- out + levāre lift 가볍게하다, 올리다 ← levis light 가벼운).
elevator 들어올리는 장치(또는 사람), 지레, 양수기(揚水機); 《미》 엘리베이터, 승강기 (《영》 lift).
※'elevator'는 라틴계통의 파생어, 'lift'는 앵글로 색슨계의 말이다.
elevator ↔ degrader.

저 이외엔 다 내가 아니라지만

저 이외에는 다 내가 아니라고 말하진 마셔요.*
슬픈 노래는 감추어 두셔요.
상처를 덧내는 그런 노래는 부르지 마셔요.
가슴 깊이 감추어 두셔요.
그대도 남의 몹쓸병**보다는
그대 손톱 밑 가시를 더 아파했잖아요.

저 이외에는 다 내가 아니라고 말하진 마셔요.
외로움을 달래기 위해서라도
북받치는 슬픔을 참기 위해서라도요.
그대를 위해 팔 벌리고 달려오는
저기 그이가 멈칫하고 있잖아요.
하얀 거짓말도 있잖아요.
저 이외에는 다 내가 아니라고 말하진 마셔요.

---

* "저 이외에는 다 내가 아니다."란 말은 나의 지인으로부터 들은 말이다. 그런데 M.E. 몽테뉴의 『수상록』(권응호 역, 홍신문화사. p.408)에이와 흡사한 말이 있음을 뒤에 알았다. "나는 나 말고는 내 것이란 없다. 그리고 내 소유라는 것은 일부분에 불과하며, 불완전한 것이다". 나의 지인은 M.E. 몽테뉴의 『수상록』을 읽지도 않았다고 말했다. 나는 깜짝 놀랐다.

** '몹쓸병'이란 '염병'을 말함. 우리 속담에 다음과 같은 말이 있다. '남의 염병이 내 손톱 밑의 가시만 못하다'. '남의 염병이 내 고뿔만 못하다'.

외로움을 다 말하지는 말아요.
슬프더라도 눈물은 안으로 삼켜요.
그대의 아픔을 고소해 하는 이가
저기서 웃고 있음을 아셔야 해요.
진주조개의 아픔을 생각해 보셔요.

《문학사랑》 2017년 가을호 통권 121호

나의 잘못

아무도 읽어주지 않는 삶이라 하여
오식(誤植) · 오타(誤打) · 비문(非文)을 알고도
고치지 못하는 잘못이 많은데,
'잘못'인 줄을 몰라서
고치지 못하는 나의 잘못은
또 얼마나 많겠어요?

'모른다'는 것과
'알지 못한다'는 것은 다르다.
'알지 아니한다'도 있기 때문이다.
애송이 처녀와 노처녀가
시집을 안 갔나 못 갔나 그 차이.
'알지 아니한다'*는 것은
신 포도(葡萄)라고 하염없는** 능력을 핑계한
여우의 말과 같은 것.

---

* '알지 아니한다'는 말은 '의지(意志)'의 '아니(/안)'가 들어 있어서, '알려고 아니(/안)한다'는 말과 같은 뜻을 가진다. 따라서 이는 '부지(不知)'를 의도한다. '의지의 부정(否定)'을 뜻하는 '알지 아니한다'는 말은, 능력의 부정을 뜻하는 '알지 못한다'에 대응되는 말이다.

** 하염없다 : ①시름에 쌓여 멍하니 아무 생각이 없다. ②끝맺는 데가 없다.

개화기(開化期) 촌부자(村夫子)의 독한 오기(傲氣)같은 것.

"앞으로도 너는 그것을 '알지 못할' 것"이란
심술궂은 여인의 방자* 같은 것.
"이후로도 나는 그것을 '알지 아니할' 것"이란
수구(守舊)의 슬픈 결의(決意)같은 것.

어쭙잖은 내 삶의
오식(誤植) · 오타(誤打) · 비문(非文)을 알고도
호령하여 수정(修訂)하지 못하는 나는,
그들의 게으른 출현만을 탓하고 있다.

다시 저기 강물,
거슬러 쓸어갈 수 없어
그저 안아 흘러가는 강물을 보면서
체념의 너울을 쓰고
흘러흘러 살아가고 있다.

---

*방자 : 남이 못되기를 신에게 빌어 재앙이 내리게 하는 것.

효부 이야기

편찮아 기동(起動)도 못하시는 어머니
깔끔한 성정(性情)을 못 이기시어
하루에 열두 번도 더
목욕을 재촉하신다.
'아들, 제가 목욕시켜 드릴까요?'
'아이, 망측도 한 말 하지 마라.'

'상냥한 큰딸을 불러 오너라'
'출근했어요. 지금은 피곤하대요.'
'쇠뚝배기 작은딸을 오라고 해라.'
'바쁘대요. 손자 데리고 나갔대요.

'며늘아 며늘아
데면데면한 며늘아
그래도 세상에 너뿐임을
나 오늘에사 알았구나.'

중풍의 아버님 두고 먼저 가신 어머님
수족은 남인데 정신만 말짱하신
아버님 아버님 시아버님.

옷도 못 갈아입으시는 어른이
내의는 감추시며 하시는 말씀
'아들아 아들아 저……'
아들은 젊은 목욕만을 좋아하는
소문난 노상군자(路上君子)다.

머뭇거리며 하는 며느리의 말
'목욕물 데워놓고 수건도 챙겨 놓았어요.'
'아이 부끄럽다. 얘야, 손 치워라.'
'아버님 아버님
내의나 살이나 마찬가지예요.
아버님 눈만 꼭 감으셔요.
꼬옥 감으셔야 해요.
머리 감으실 차례예요.
이젠 물기만 닦으시면 끝나요.
옷 입혀 드릴께요.'

'얘야 며늘아, 고마운 어멈아
이 고마움은
저 세상 가서도 나 안 잊으마
넘치는 복 받을 어멈아
어멈은 죽을 때까지 몸 성해야 하느니라.
내외 해로(偕老)하고.

그래도 어멈이 아범보다 더 오래 살아야 하느니라.

꼭 그래야 하느니라.'

《문학사랑》 2017년 가을호 통권 121호

절경 앞에서

아 좋다
좋으면 됐지
누굴 위한
노래냐?

곱다는
그 말보다도
더 고운 걸
어떡해.

아름다움
그 말보다도
더 아름다운 걸
나 어떻게 해?

응원

우리나라 편이
다른 나라 편과
올림픽 경기 때의 이야기가 아니다.

시합이나 싸움 구경 때
나는 으레 질 듯한 편에
내 여린 마음이 쓰인다.

나도 이기는 것을
좋아하지 않는 것은 아니지만
지는 편이 불쌍해서 그런다.

질 듯한 편이 이기면
이길 듯하다가 진 편의
안쓰러운 눈물은 또 어쩌지?

나는 싸우기를 싫어한다.
나는 불같이 타오르는 게임 후의
무승부를 좋아한다.
상금은 트로피는 또 어떻게 하지?

UFC(격투기)를 보고

여기는 도시 속 정글이다.
새로 생긴 투우장이다.
정글에서도 셀렝게티에서도
먹을 만큼만 선혈(鮮血)을 보는데.

모든 힘은 정의인가?
모든 정의는 힘인가?
공인된 폭력은 폭력이 아닌가?
모든 존재는 정의인가?

길고 아픈 오르막길
순간의 정상(頂上) 그 환희는
살을 저미는 비탄 위에
서 있음을 모르시는가?

후회는 없다.
질긴 업보의 슬픈 추락,
모든 존재는 폭력의 결과인가?
어차피 모두 찬란한 오락일 뿐이다.

발목 탓에 목발을 짚고 나서

자메이카의 우사인 볼트를 부러워했는데
상감마마로 받드는
발목을 모시고 있는
목발을 스치고 지나가는
무심한 내 이웃을 부러워하다가,
이제 걸음마를 배우는
거울 속 나를 보고 대견해 한다.

어느 삼형제의 달 밝은 보름 밤의 이야기

어느 달 밝은 가을 보름 밤이었습니다.
삼형제가 툇마루에 걸터앉아 발을 흔들면서
환한 얼굴의 가을 달을 쳐다보다가 말했습니다.

맏이 ; 다이도 바이따.	(달도 밝다.)
둘째 ; 마이나 또이또이 해야.	(말이나 똘똘히 해라.)
셋째 ; 두이 다 변신이네	(둘 다 병○이네.)

강현규 시집

가르다 호숫가의 추억

4부

아침과 저녁의 차이

반백년(半百年)도 더 지난 우리의 만남을 자축(自祝)하면서

20 세기 후반에 교정을 나서서
21 세기 전반에 우리는 여기서 만났습니다.
강산이 다섯 번 변하고
또 반쯤 변한 세월이었습니다.
검은 머리칼이 은발(銀髮)로,
홍옥(紅玉)으로 빛나던 볼이
마른 대추볼이 되었어도,
우리의 마음만은 금강석으로
지금 여기 빛나고 있습니다.

오늘 우리 지금 여기서
가슴에 묻어두었던 차마 말하지 못했던
슬픈 이야기는 하지 맙시다.
헤어진 후 애써 쌓은 탑 이야기도
집에 잡아다 놓은 금송아지 이야기도
우주선 타고 달나라 다녀온 이야기도 하지 맙시다.
과거는 흘러간 강물이기 때문입니다.

감추어 두었던 아름다운 이야기는 지금 합시다.
사랑과 행복만을 이야기하기에도
우리의 여생(餘生)은 충분하지 않기 때문입니다.
어느 바람이 언제 우리를 불어갈는지 모르기 때문입니다.
우리의 남은 삶을
아름답게
건강하게
보람있게 살,
흔히들 말하는
버켓 리스트(bucket list)라도 이야기합시다.

무지갯빛은 아니라 하더라도
풋풋한 희망의 이야기를 합시다.
미래의 설계는 젊은이들만의 것은 아닙니다.
100세 인생이라 말하지 않습니까?
더러는 120세 인생이라 하지 않소?
설령 내일 우리의 숨이 다한다 해도
오늘 우리 여기서
지나온 날들을 후회하지 않도록 열심히 삽시다.
지금 그리고 여기 우리의 앞 · 뒤 · 옆에 있는
우리의 우정(友情)들에게도 서로 격려합시다.
힘내라고
힘내자고

허리를 펴라고
허리를 펴자고
고개를 들어 하늘을 보라고
하늘을 보자고.

끝으로 우리의 평생 인연을 얽어 준 모교와
눈빛 형형(炯炯)한 후배들의 발전 · 번영도
우리 모두 천지신명(天地神明)께
간절히 지금 기구(祈求)합시다.

(대학 졸업 후 55년 만의 모임에서)

코스모스

먼먼 남남 아라사(俄羅斯)
너의 아낙도 아닌데
우악스러운 억지로 하여
내 사랑을 빼앗길 순 없지.
그것은 카오스다.

애수(哀愁)를 인내하고
저리 환하게 손짓하는
첫사랑의 아린 미소
너는 애잔한 이방인(異邦人)
이름마저 천생(天生) 코스모스다.

나 먼저 먼 데 간
여린 아랫누이처럼
가는 목의 여인이여.
서리처럼 차고 시린
가을 하늘 같은 여인이여.

나의 마음의 마음

나도 지는 것보다는 이기기를 좋아하여요.
그래서 여린 것보다는 센 것을 좋아해요.

남들이 싸우거나 시합할 때
센 이가 여린 이를 짓이기는 것을 보노라면
여린 이가 이기라고 애를 태워요.
가슴을 졸여요.

여린 이가 지려고 덤비는 것을 보면 웁니다.
"차라리 죽어라, 죽어버려라."
센 이가 이기고 나서 하는 곤댓짓을 보면,
진 이가 주저앉아 떨구고 있는 눈물의 고개를 보면
둘 다 미워 죽겠어요.

여린 이가 이기고
센 이가 지는 세상
이긴 이가 진 이의 아픔을 나누고
진 이가 이긴 이의 기쁨을 함께 하는 세상이 그리워요

나도 이기고 싶어요

다소곳해질 거예요.
세어지고 싶어요
보드랍고 따뜻해질 거예요.
이것이 내 마음의 마음이어요.

모릎세라 마음의 마음

"할머니, 근력 좋으시고 오래 사세요."
"많이 살았잖아? 더 살아 무엇 하게. 어서 죽어야지."
"예. 많이 사셨지요. 금년에는 돌아가셔야지요."

술을 모르는 제자가 선생님을 모셨다
"선생님 약주는요?"
"쏘주."
다 잡숫고 난 다음 선생님의 말씀
"쏘주 달란다고 쏘주 주냐?

귀둥이 학생 도련님의 주문
"형수님, 제 교복 삶아서 빨아 주셔요."
"삶으면 물이 번져서 옷을 버려요."
"그래도 삶아 주셔요."
"삶으면 버린다니까요. 도련님."
"버려도 좋아요. 삶아주셔요."
"도련님 도련님 귀둥이 도련님
삶아서 버려도 다른 말씀 마셔요."
"버려도 제 옷 버려요. 형수님."
"도련님, 말이 문서요 군령장(軍令狀)이어요."

"예 예, 형수님 우리 형수님."

삶아서 색깔이 번진 옷을 본 도련님의 골낸 말씀.
"내가 아무리 우겨도 뻔히 알면서
해달란 대로 해주세요?
조카가 그래도, 그러시겠어요?"

가르다(Garda) 호숫가의 추억

여기는 이태리 북부
바다처럼 넓은 호수 가르다(Garda)
그 만곡부(彎曲部).
날이 어두워질수록
가로등 불빛이 새록새록
칠흑 같은 호숫물 위로
쏟아져 흐른다.

아 저기 백조가 빛나고 있다.
저 희디흰 날개 속에
상아보다 더 흰 목을
처억 휘어감아 묻은
이 아름다움이여.

백조가 아니란다
딱거위란다
자칭 투어리스트(tourist)의 말이었다
백조가 들을까 두려웠다
그는 여전히 고요한 밤 물결에
몸을 맡기고만 있었다.

이방의 아침 바람을 맞으러 나섰다.
저기 블랙 스완(black swan)이 혼자 외다리로 서 있다
여행가(旅行家)라는 이는
또 흑백조라고 하였다.

모두 웃었다

코알라와 팬더와 나무늘보의 설전(舌戰)

팬더(panda)야 팬더야 (코알라의 말)
그 맛은커녕 바삭바삭
물기도 없이 빠싹 마른
댓잎이 그렇게 맛이 있니?
깊은 산속의 은자(隱者)여.

코알라(koala)야 코알라야 (팬더의 말)
이 겨울 세상에 댓잎만 홀로 푸르니
안쓰러워 안락사(安樂死)시키려 먹는단다.
그러면 솔잎은 왜 안 먹느냐고?
그것은 송충이 몫이란다.

코알라야 코알라야
너는 왜
그 맛도 없는 냄새의
이젠 멘소래담(mentholatum) 만드는 데나 쓰는
유칼립투스 그 독한 잎만 먹니?
너를 업어야 할 다 큰 혈육을 업고
험한 나무 등을 오르는 고난의 코알라야.

팬더야 팬더야 (코알라의 말)
유칼리의 그 독한 잎
나나 먹어야 먹지 누가 먹겠니?
그래서 나는 세상에 먹을 것 걱정은 없단다.

늘보야 늘보야 나무늘보야 (코알라와 팬더의 말)
너는 왜 좀 잽싸게 못 사니
시속(時速) 900m에
하루 잠 18 시간이 뭐니?

얘~들~아 내~가 느~려~서 못~하~는 게 무~어~니~
(나~무~늘~보~의 말~)

사~람 사~는 세~상~이 하~도 시~끄~러~워~서~
소~리 안 나~게 걷~느~라~고 그~런~다~
우~리~는 아~무~래~도~
어~머~니~가 다~른 형~제 혹~은~
아~버~지~가 다~른 형~제 같~지 않~니~?

늘~보~야 늘~보~야 나~무~늘~보~야~ (나~의 말~)
네~가 정~말~로 나~무~늘~보~
맞~다 맞~어~.

걱정할 것 전혀 없네

죽어야 산다는 장의사 장례는 누가 치루지?
모든 암탉들이 모의하여 모두 알을 안 낳으면 어쩌지?
모든 암소들이 쑥덕공론을 하여 젖을 싸매 버리면 어쩌지?
몸을 축내어 젖을 내어도 내 새끼는 못 먹인다고.

수천 년간 같은 걱정을 했어도
역사는 제 갈 길을 갔고
인류는 제 올 길을 왔다네.

한 백년 전
그 고루하던 늙은이는 물론
저 팔팔하던
젊은이들 어린 아이들은 모두 어디 갔는가?

저기 건널목, 엘리베이터, 번화가, 맛있는 음식점, 명품 백화점, 광장엔
인파가 만파인 것을 보게나.
오늘 당장 지구의 종말일 것 같지만
그래도 세상 식구는 지금 폭발 직전이고
역사는 흘러흘러 오늘에서 내일로 간다네.

폭군도 죽고 성인군자도 죽고
나도 죽을 목숨이고
그대도 머지않아 죽을 것이네.

죽으면 모두가 그만인 것은 아니지만
그대 땅이 꺼지게 한숨 쉴 것은 없네.
걱정 · 실망 · 낙담할 것도, 흔희작약 파안대소할 것도 없다네.
몇 천 년 전부터
젊은 것들은 건방지고 버릇없고
늙은이들은 고리타분하고 고루하였다네.
그대도 그렇지 않았는가, 그렇지 않은가?
그냥 평상심으로 사세나, 상심으로.
바람은 그제나 이제나 그칠 날 없었고
바다엔 풍랑 없는 날 없었다네.
그냥 평상심으로 사세나,평상심으로.

병원에 오면 가면

병원에 오면
모두가 환자다.
의사는 병원을 앓다가,
환자를 앓다가,
간호사는 병실을 앓다가,
보호자는 환자를 앓다가,
문병 온 이는 덩달아
환자가 된다.

이젠 짐을 다 내려놓아
집에서 온 환자만이
환자가 아니다.

나는 심심한 걱정을 한다.
의사가 병이 나면
간호사가 아프면
어디로 가지?
나는 환자인가, 문병인인가?

아침과 저녁의 차이

아침에 보던
모든 아름다움은 기쁨이었다.

이 저녁에 보는
모든 아름다움은 서글픔이다.

내가 왜 이러지?

뭍(陸)이 좋아요

어쩔 수 없는 호기심으로
높지도 않은 나무를
벌벌 기어 올랐습니다.
하늘 아래를 다 얻은 듯했습니다.

이내 내려오고 싶었습니다.
오금을 저리며 내려왔습니다.
어머니 같은
뭍이 좋아서 좋아라서였습니다.

육칠월 염천에
깊지도 않은 물속에
몸을 던졌습니다.
이런 세상맛도 있는 것을!

이내 기어오르고 말았습니다.
금세 땀이 나도 좋았습니다.
어머니 같은
뭍이 좋아서, 좋아라서였습니다.

당신의 큰 뜻

사나이
풀숲에 살다가 그냥 죽을 수야 있나 했다.
젊은 날의 풋소견으로 가끔은
방자하게도 내로라해서였습니다.

세상의 기림을 받을 일보다
벌떼에 쫓기는 벌을 받을 만한
모진 짓을 마음으로는 더 많이 했습니다.

나라님은 나에게 편한 의자도 주고
과분한 밥상도 베풀어 주셨습니다.
달콤한 채찍임을 몰랐었습니다.

작은 자랑을 드러내어 큰 허물을 덮어주려는
웅숭깊으신 당신의 큰 뜻임을
머리에 서리를 이고서도 한참 후에야나 알았습니다.

고마운 노란 민들레

– 보도(步道) 와 건물 외벽 직각의 틈에 핀 민들레를 보고

아직은 스산한 바람의 계절인데
수평의 보도와
수직의 건물 외벽이 만나는
서러운 틈을 비집고 나와
화알짝 웃고 있는
노오란 땅의 해님.

나의 나태(懶怠)가
소파수술(搔爬手術) 금지를 핑계로 하여
그냥 낳은
미안하고도 고마운
늦둥이 막내
나의 아린 해님.

남용되는 시적 허용에 대하여

꼬장꼬장하기 만한 샌님이 있었다. 쓸 줄도 모르는 단문을 쓸 때마다 최신판 한국어사전, 외국어사전, 한자사전, 한글 맞춤법사전 등을 세워놓고 사열을 하였다. 세금고지서가 나올 때마다 그날 바로 냈다. 고름이 살 되지 않는다는 것뿐만 아니었다. 고액 구실 체납자가 누리는 부귀영화에 세상이 절망함을 보고서였다.

홧김에 제 집에 불질한다고. 샌님이 화가 나서 사전들을 다 태워버렸다. 그러고는 다음과 같이 글을 쓰고는 절대로 고치지 말라고 육필원고를 건네면서 편집자에게 신신 당부를 하였다.

〈교수대(紋首臺) 위로 오르다 넘어진 사형수가 말했오. "까딱하면 죽을 번했다." 천재 이상(李箱)은 오감도(焉瞰圖/烏瞰圖)를 쓰고, 후인(後人) 우리는 노어(魯魚) 은근불식(銀根不識)이 자랑이다. 이 땅의 기후(氣侯)에 적응하지 못하고 후조(侯鳥)처럼 날아가 제후(諸候)처럼 살다가 죽었다. 재단사(截斷師)가 벌래와 술레를 잡으면서 우뢰 같은 소리를 질렀다. 그는 두부찌게를 먹고 투망(投綱)질로 고기를 잡으려 나섰다. 새의 빈모(牡牝 : 암컷과 수컷)를 구별할 수 없었다.

어찌 부끄럽지 않으리오. '옷깃'이 무엇인지도 모르고 '옷깃' 만 스쳐도 인연이라 하는데, 그는 잘 갈은 칼을 들고 종이에 불을 당겼다. 그녀는 초롱한 눈을 번쩍 뜨고, 방안을 드려다 보았다. 방안에는 식해(食醢 : 생선젓)와 식혜(食醯 : 단술)가 하얀 사기그릇에 담겨 있었다. 모두는 흘러간 역사의 표식(標識)인 걸. 거울(冬)이나 겨울(鏡)은 차라리 애교다. 알맞는 빛갈로 만들어진 깍두기 먹기를 망서리는 그녀는 영어로 칼을 'nife'라고 써야 하고, 'psychology'의 발음은 psitʃologi : 프시촐로기] 라고 발음해야 한다고 큰 소리로 말했다. 은사님 때문에 성공했고, 도둑놈 덕분에 망했다. 네가 대학 입학 시험에 합격하기를 (지금 바라지 않고, 이따가 억지로) 바라겠다. '가장'은 최고 유일이어야 한다고 하면서, 그는 '가장' 뛰어난 과학자 중의 한 사람이다. '빈(Wien) 공간', '역전(驛殿) 앞', '처갓집(妻家家)'은 이제 애교가 되었다. '너무'가 너무 힘이 세어 표준어가 되니, 바로잡으려던 이들이 역적이 되었다. 그것 보아라, '환호성(歡呼聲) 소리'가 천지에 가득하다.

도시 철도 열차가 플랫폼으로 막 들어오고 있다. 승객을 위한 방송이다. "승객 여러 분, 노란 선 밖으로 두어 발작 물러나십시요." 대형 버스 사고가 났다. 행여나 사랑하는 그녀가 사망자 명단에 있는지 찾아 보았다. 오늘은 로또복권 일등 당첨자 발표일이다. 친구가 복권을 사는 것을 보고, 그 번호도 안다. 친구가 로또 일등에 혹시나 당첨되지 않았나 신

문을 찾아보았다. 알 만한 사람들도 '피로 회복'에 좋은 약을 선전하고, '피부병, 감기에 좋은 약'을 선전할 때, 노둔한 나는 그들이 진실을 말함을 늦게야 알았다. 그 약들을 먹고 '더 피로해졌고' '피부병, 감기는 도졌기' 때문이다. 글줄이나 쓸 줄 아는 이들이 '김소월 시인', '황순원 소설가'라고 하고, 동물애호가 부인들이 자기 집 개보고 '이 애'·'저 애'·'아가'라고 하면서 '그 개'의 '어미'임을 자처하는 데야. '팔활' 이상의 국어 선생님들이 어떻게 그들의 '역활'을 포기하지 않을 수가 있겠는가?〉*

---

* 〈 〉 안의 오식은 의도적 표기가 포함되어 있음.

■ 작품해설

언어학자의 시심에 비친 삶과 정서

- 강헌규 시인의 7시집을 감상하며

문학평론가 리 헌 석
(사) 문학사랑협의회 이사장

1.

음운, 문자, 어휘, 문법 등을 여러 각도에서 고찰하여 그 특성을 연구하는 언어학자의 시집을 감상하는 것은 쉬운 일이 아닙니다. 정서 중심의 작품 감상은 정서적 공유에 이르면 되지만, 어학(語學)을 전공한 시인의 작품 감상은 시에 담긴 언어적 특성까지 세심하게 살펴야 하기 때문입니다.

언어학자인 강헌규 시인의 작품 감상도 쉬운 일이 아닙니다. 자연스럽게 읽히는 정서적 공유로 감동을 받기도 합니다. 또한 숨은 그림 찾기처럼 이런 저런궁리를 해야 작품을 이해하고 쾌감을 느끼기도 합니다. 일부 작품은 연상의 폭을 넓히며 매달려도 어렴풋하게 다가오는 난해에 봉착하기도 합니다. 애당초 시인의 사상과 의도, 정서와 표현까지 완벽

하게 감상하고 정리하는 것은 불가능한 일일 터이매, 부분적인 감상이 될 수밖에 없음을 밝힙니다.

예컨대 작품 「남용되는 시적 허용에 대하여」에서 시인은 우리 언어의 현실을 비판적 시각으로 질타하고 있습니다. 1연의 〈꼬장꼬장하기 만한 샌님이 있었다.〉의 '샌님'은 어법에 맞는 언어를 사용하고, 일상에서도 모범적으로 생활하는 사람을 지칭하는 것 같습니다. 이에는 시인 자신과 세상을 꼬장꼬장하게 사는 사람들을 포함합니다. 그러나 2연의 〈홧김에 제 집에 불질한다고, 샌님이 화가 나서 사전들을 다 태워버렸다.〉의 '샌님'은 우리 말글을 함부로 사용하는 것에 절망하고, 그러다가 심통이 난 사람들을 포괄하는 사람의 대유(代喩)로 보입니다.

이는 긴 글로 이루어진 3연의 예문이 헤아릴 수 없는 오식과 부정확한 어법을 담고 있기 때문입니다. 제목의 '시적 허용'은 문학 작품의 예술성을 제고하기 위한 것이지, 언어의 오남용을 면피하려는 것이 아님을 일갈(一喝)하는 작품입니다. 이와 같은 난해함에서 벗어나 좀 쉬운 '숨은 그림 찾기'에 철학적 명제를 담아낸 작품, 그리하여 숨은 그림을 찾아내었을 때의 쾌감을 제공하는 작품도 여러 편입니다. 그 중 1편을 먼저 감상합니다.

시골 장터
추레한 좌판 앞에
추사체의 '삶은 달걀'

디오게네스 아주머니인가.

저 현기증 나는 명제 앞에
깜짝 놀라
다시 보니
달걀 한 무더기.

삶은 달걀이고 말고
먹기에도 살기에도 목이 메고
떨어져도 넘어져도 깨지기 쉽고
품어도 안아도
털 보숭보숭한
새 생명을 불러오기는 늦었고.

— 「삶은 달걀 2」 전문

시인은 〈시골 장터/ 추레한 좌판 앞에〉 '삶은 달걀'이라고 쓴 팻말을 봅니다. 시장을 지나다 자주 만나게 되는 팻말의 글씨는 매직으로 썼는지, 붓으로 썼는지 모르지만 서툴고 투박하게 마련입니다. 그리하여 시인이 '추사체'라고 하지만, 이는 서툴게 쓴 글씨에 견주어 추사체를 폄하하기 위한 것이 아니라, 일반적 서체보다 독창적이라는 공통분모 때문에 붙인 것 같습니다. 이어 시인은 '팻말을 써 붙이고 달걀 장사를 하는 아주머니'와 그리스의 철학자 '디오게네스'의 교집합 이미지를 연상합니다.

주지하는 바와 같이 디오게네스는 금욕적 '자족'을 강조하고 향락을 거부하는 생활방식을 내세운 철학자입니다. 그가 내세운 '삶'의 핵심 행동강령은 행복에 필요한 모든 것을 자기 내부에서 찾는 '자족'이며 '자긍심'입니다. 작품의 제재인 '삶은 달걀'이 '삶아 익힌 달걀'을 팔고 있다는 1차적 의미를 모르는 바 아니지만, 시인은 '삶(인생)은 달걀과 같다'는 언롱(言弄) 혹은 언어유희와 같은 관점에서 모티브(motive)를 찾습니다. '익힌' 달걀에서 '삶(인생)'을 유추하게 하는 〈현기증 나는 명제〉를 발견(?)하고 구체화하기에 이릅니다. 〈삶은 달걀이고 말고〉 역시 1차적 의미를 알고 있지만, '인생은 달걀과 같고 말고'라는 냉소적 중의성을 찾아냅니다. 〈먹기에도 살기에도 목이 메고〉 〈깨지지 쉽〉다는 양자(兩者)의 교집합에서 〈털 보숭보숭한/ 새 생명을 불러오기는 늦〉었다는 깨달음에 이릅니다.

어쩌면, 시인은 시골 장터를 지나다가 마주친 '삶은 달걀'이라는 팻말을 보고, 언뜻 스치는 생각을 시로 썼을 뿐인데, '배보다 배꼽이 더 크다'며, 해설의 침소봉대를 경계할는지 모릅니다. 그렇지만, 시 1편을 감상하기 위해서 숙고해야 하는 독자(讀者)들의 운명은 다양한 측면에서, 다각도로 살펴볼 수밖에 없습니다.

2.

강헌규 시인의 작품이 모두 언어적 속성을 소재로 살려 쓴 것은 아닙니다. 누구에게나 일상적인 삶이 있고, 그 속의 희로애락(喜怒哀樂)이 문학 작품의 기본일 터이매, 시인의 작품도 이와 크게 다르지 않습니다. 작품 「침묵」에서 〈천 년을 지켜보고도/ 울기는커녕 한숨도/ 기침도 않는 학이 있다는데/ 잠시도 쉼 없이/ 재잘거리는 너는 누구인가?〉라며, 침묵을 지키는 학과 재잘거리는 참새를 대조적으로 그립니다. 그러나 시인은 '학'의 입장에서 〈이제는 재갈을 물고라도/ 미운 것을 밉다 하고/ 귀여운 것을 귀엽다고 말〉하고자 합니다. 이와 같은 의중을 담고 있는 작품 몇 편을 감상하기로 합니다.

아 좋다
좋으면 됐지
누굴 위한
노래냐?

곱다는
그 말보다도
더 고운 걸
어떡해.

아름다움
그 말보다도
더 아름다운 걸
나 어떻게 해?

—「절경 앞에서」 전문

시인은 천하 절경을 만난 것 같습니다. 바라보며 "좋다!"한 마디를 하였더니, 옆에서 "시인이 그런 말밖에 못하는가?" 심사를 거스릅니다. 그럴 때 할 수 있는 말이 "좋으면 됐지. 무슨 말이 더 필요하냐?"라고 반문하고 싶은 상황 같습니다. 다시 절경을 바라보며, "곱다!"고 말합니다. 그러면서 "곱다는 말보다도 더 고운 것을 어찌하느냐?" 반문(反問)합니다. 3연도 같은 양식의 반복입니다.

이처럼 단순한 작품에 정서적 장치를 원용한 작품에 「옹졸한 속」이 있습니다. 〈네가 심심 한가할 때/ 나도 그랬으면 참 좋겠다./ 헛소리라도 할 수 있어 좋을 테니까.〉 1연에서는 서로 한담(閑談)이라도 나누며 살았으면 좋겠다는 소박한 바람입니다. 〈네가 아플 때/ 나도 아팠으면 참 좋겠다./ 남몰래 앓는 네 속을 아는/ 지통(知痛)이라도 되고 싶어서다.〉 2연은 아픔까지 나누고 싶다는 동병상련의 정서를 담아냅니다. 그러나 결말에 해당하는 3연 〈매몰차게 간 사람아/ 너도 너의 첫사랑에/ 내가 아팠던 만큼만/ 아팠으면 좋겠다.〉에서는 급격한 반전이 일어납니다. 기-서-결 3단 형식으로 이루어진 이 작품의 서정적 주체는 '첫 사랑에 실패하여 아파하는 사람'이며, 시인은 그를 통하여 정제되지 않은 정서까지 담아냅니다.

그러나 평생 언어학자로 일관한 강헌규 시인은 정서적 공감대보다 논리적 설득에 치중하는 경향이 있습니다.

> 사람만이 아니란다.
> 물속의 고기도
> 땅위의 짐승도
> 하늘을 나는 새도
> 살기 힘 든 건 마찬가지란다.

다 살아가기 마련이란다.
그래서
송사리도 살고 고래도 산다.
토끼도 살고 호랑이도 산다.
뱁새도 살고 독수리도 산다.

크고 힘센 나라도 살고
작고 여린 나라도 살기 마련이다,
제 살붙이끼리 물어뜯지만 않으면.

―「살기가 힘든 건」 전문

세상 살아내기에 절망한 사람에게 용기를 주기 위한 작품, 인물을 특정하여 설득하는 작품으로 보이지만, 어렵게 살고 있는 모두에게 전하는 메시지일 수도 있습니다. 명징한 형상화여서 덧 설명이 필요 없을 터이지만, 마지막 행 〈제 살붙이끼리 물어뜯지만 않으면〉이라는 전제에 의하여 주제 전달이 더 명확해집니다.

이 작품과 같이 더불어 살아가는 것이 의미 있고 가치 있는 삶임을 보여주는 작품도 여러 편입니다. 작품 「응원」에서 〈시합이나 싸움 구경 때/ 나는 으레 질 듯한 편에/ 내 여린 마음이 쓰인다〉고 밝힙니다. 〈이기는 것을/ 좋아하지 않는 것은 아니지만/ 지는 편이 불쌍해서〉 그런다고 합니다. 〈질 듯한 편이 이기면/ 이길 듯하다가 진 편의/ 안쓰러운 눈물〉 때문에 시인은 싸움을 싫어합니다. 그리하여 〈불같이 타오르는 게임 후의/ 무승부〉를 좋아한다고 하면서 '상금'과 '트로피'의 향방을 걱정하는 섬세하고 온정적인 성품을 작품에 투영합니다.

미워하려 해도
미워할 수 없는 사람아
그리워
어찌할 수 없는 사람아

잘코사니다
쌤통이다
말똑싸다
It served you right.

어느 것도 아니다.
그럼 무엇이었느냐?

그렇게도 가려거든
가서 잘 살기나 하라고
해로하면서
잘 살기나 하라고
했지 않았느냐?

— 「미운 사람아 사랑아」 전문

시인은 자신을 떠난 '사람'이라도 미워할 수 없는 내면의 소유자입니다. 진정으로 그리워서 미워하거나 원망할 수 없습니다. 그런데 그 '사람'이 불행하였나 봅니다. 그것을 보면서 2연과 같이 말할 수도 있으나 천성이 어진 시인은 그렇게 말할 수가 없습니다. 혼자 걱정이나 할 뿐입니다. 어쩌면 독백으로 자신의 내면을 대신하기도 합니다. 〈가려거든/ 가서 잘 살기나 하라고/ 해로하면서/ 잘 살기나 하라고/ 했지 않았느냐?〉라는 반문은 그 '사람'에게 따지는 것이 아닐 터, 그

'사람'이 걱정되고 안타까워서 "잘 살지, 왜 그러냐?" 가슴 아파하는 연민입니다.

개인의 아픔이나 안타까움도 작품에 투영하지만, 사회의 흐름에 대한 경종(警鐘)도 작품에 투영하는 것이 시인의 몫입니다. 이런 역할에 충실한 작품이 「걱정할 것 전혀 없네」 입니다. 시인은 〈죽어야 산다는 장의사 장례는 누가 치루지?/ 모든 암탉들이 모의하여 모두 알을 안 낳으면 어쩌지?/ 모든 암소들이 쑥덕공론을 하여 젖을 싸매 버리면 어쩌지?〉와 같이 염려하지 않아도 될 걱정을 하는 상황이 안타깝습니다. 그리하여 젊은 사람에 대한 어른들의 노파심에 이르러서는 분명한 어조로 정리합니다.

> 몇 천 년 전부터
> 젊은 것들은 건방지고 버릇없고
> 늙은이들은 고리타분하고 고루하였다네.
> 그대도 그렇지 않았는가, 그렇지 않은가?
> 그냥 평상심으로 사세나, 상심으로.
> 바람은 그제나 이제나 그칠 날 없었고
> 바다엔 풍랑 없는 날 없었다네.
> 그냥 평상심으로 사세나, 평상심으로.
>
> —「걱정할 것 전혀 없네」 일부

시인은 평생 교육자로 살아오면서, 젊은 사람들의 '버릇없음'을 탓하는 친지들을 보아왔을 터입니다. 그리하여 시인은 '지금의 젊은이들만 그런 것이 아니고, 우리의 젊은 시절도 그러했으며, 몇 천 년 전의 젊은이와 노인들도 그러한 상황'

이었음을 깨우칩니다. 인류의 역사 이래 언제나 '어른'들은 '젊은이'들을 미더워하지 않았었음을 밝히며, 평상심으로 살아가자고 권유합니다. 이러한 자세는 어긋난 것들에 대하여 정당한 비판을 가하면서도, 삶과 사회를 긍정적 자세로 달관하는 시인의 진정성입니다.

시인은 이탈리아 북부의 가르다(Garda) 호수를 찾습니다. 그 여행지에서의 에피소드를 작품으로 빚어, 해학적 해프닝으로 미소를 짓게 합니다. 〈날이 어두워질수록〉 거기에 〈백조가 빛나고〉 있다고 하였더니, '자칭 투어리스트'는 '백조'가 아니고 '딱거위'라고 말합니다. 아침 바람을 맞으러 나섰는데, 거기에 '블랙 스완(black swan)'이 혼자 외다리로 서 있음을 말하였더니, '자칭 투어리스트'는 이를 다시 '흑백조'라고 하여, 그의 '경박한 지식' 자랑에 모두 웃었다는 에피소드가 시에 담겨 있는 바, 가벼운 해학에 의한 풍자가 미소를 짓게 합니다.

이렇듯이 강헌규 시인은 아름답고 풋풋한 자연, 일상생활에서 마주치는 사람, 눈길이 가는 사물, 그리고 보이지 않는 사상과 정서를 작품에 투영합니다. 때로는 자신의 「묘지명」까지 미리 작품에 남기는 시인입니다. 이처럼 다양한 제재로 빚어진 작품을 간략하게 정리하는 것은 구우일모(九牛一毛) 격일 터이지만, 남은 부분은 독자의 몫으로 남길 따름입니다.

3.

우리는 일상에서 행(幸)도 만나고 불행(不幸)도 만납니다. 강헌규 시인이 발목을 다쳐 목발을 짚고 다닌 것은 불행 중의 하나일 터이지만, 그로 인해 공감하는 작품 한 편을 구하였으니 달리 보면 '불행만은 아닐 터'입니다. 작품 「발목 탓에 목발을 짚고 나서」에서 삶에 대한 인식의 변주(變奏)를 만납니다. 〈자메이카의 우사인 볼트를 부러워했는데/ 상감마마로 받드는/ 발목을 모시고 있는/ 목발을 스치고 지나가는/ 무심한 내 이웃을 부러워하다가/ 이제 걸음마를 배우는/ 거울 속 나를 보고 대견해 한다.〉는 형상화를 만납니다. 세상에는 우사인 볼트와 같은 건각(健脚)도 있게 마련이고, 평범한 이웃들의 다리도 있게 마련이고, 서정적 주체처럼 발목을 다친 사람도, 혹은 나을 수 없는 다리로 평생 힘들게 사는 이웃도 있게 마련입니다.

또한 작품 「아침과 저녁의 차이」에서처럼 〈아침에 보던/ 모든 아름다움은 기쁨〉이었는데 〈이 저녁에 보는/ 모든 아름다움은 서글픔〉일 수도 있는 것입니다. 「병원에 오면 가면」에서처럼 〈병원에 오면/ 모두가 환자다.〉 의사도 간호사도 보호자도 문병 온 이도 덩달아 환자가 된다는 인식 역시 강헌규 시인의 시적 제재로 기능합니다. 이렇게 살아가는 세상의 여러 사람과 사물들이 작품에 반영되는데, 자신에 대한 염결성(廉潔性) 또한 주요 제재입니다.

세월을 살면서 아직도
사념(邪念)을 떨치지 못하는 나 이제
조금은 학처럼 살고 싶다
그렇게 살다가 죽고 싶다.

한 해를 인고(忍苦) 속에 살다가도
이 혹독한 계절을 나목(裸木)으로
곧추 서서 묵상(默想)하는
너는 누구인가.

벌써 봄을 기다리고 있는 걸까
이 계절을 인내하고 있는 걸까?

나는 너이고 싶다
늙을수록 더욱 청청한
죽어도 서서 죽어 아름다운
너, 나무이고 싶다.

—「나는 나무이고 싶다」 일부

시인은 늦가을에 노란 잎을 떨구는 은행나무 아래에서 감득(感得)한 제재를 자연스럽게 승화시킵니다. 〈모든 목숨들의 죽음은 슬프다.〉는 명제에도 불구하고, 은행나무는 〈고요를 안고 지상(地上)으로 숨지는/ 너의 분신(分身)마저/ 눈물겹도록 아름다운 나무〉여서 천지간에 형언할 수 없이 큰 복을 받은 나무라고 노래합니다.

그리하여 시인은 천복을 받은 은행나무가 되고 싶다고 소망합니다. 삿된 생각을 떨치면서 학처럼 고고하게, 은행나무처럼 곧추 서서 묵상(默想)하는 삶을 영위하고자 합니다.

〈늙을수록 더욱 청청한/ 죽어도 서서 죽어 아름다운〉 은행나무이기에 그를 닮고자 합니다. 아예 그 은행나무이고 싶다는 속내를 밝힙니다. 이는 늙을수록 청신(青新)하고자 하는 시심, 하늘이 부를 때까지 염결한 내면을 지키며 꼿꼿하게 살고자 하는 시심의 발현입니다. 시인의 이러한 소망을 공유하면서, 강헌규 시인의 정갈한 시심에 찬탄의 박수로 화답(和答)합니다.

강헌규 시인의 저서 목록(시집, 수필집 외)

『한국어 어원연구사』, 집문당, 1988.
『한국인의 자 · 호 연구』, 계명문화사, 1990(공저).
『주석 · 영인 태교신기언해』, 삼광출판사, 1995.
『역주 · 영인 화음방언자의해』, 삼광출판사, 1995.
『주해 농가월령』, 삼광출판사, 1999.
『국어학논문집』, 공주대학교출판부, 2000.
『국어어원학통사』, 이회문화사, 2003.
『고가요의 주석적 연구』, 한국문화사, 2004.
『조웅전 주석』, 삼광출판사, 2008.
『주봉전 주석』, 삼광출판사, 2008.
『고가요의 주석적 연구Ⅱ』, 한국문화사, 2010.
『개정 증보판 고가요의 주석적 연구Ⅰ』, 한국문화사, 2016.
『개정판 국어 어원학통사』, 보고사, 2017.
그 외 다수의 논문.

가르다 호숫가의 추억

강헌규 시집

발 행 일 | 2018년 4월 20일
지 은 이 | 강헌규
발 행 인 | 李憲錫
발 행 처 | 오늘의문학사
출판등록 | 제55호(1993년 6월 23일)
주 소 | 대전광역시 동구 대전로867번길 52(한밭오피스텔 401호)
전화번호 | (042)624-2980
팩시밀리 | (042)628-2983
전자우편 | hs2980@hanmail.net
카 페 | cafe.daum.net/gljang(문학사랑 글짱들)

공 급 처 | 한국출판협동조합
주문전화 | (070)7119-1752
팩시밀리 | (031)944-8234~6

ISBN 978-89-5669-905-9
값 9,000원